W0460852

Wander-Erlebnis

Waldviertel

Wachau & Südböhmen

Bernhard Baumgartner

Wander-Erlebnis

Waldviertel
Wachau & Südböhmen

Die 135 schönsten Touren

KRAL VERLAG

Dieser Wanderführer wurde mit größtmöglicher Sorgfalt und Genauigkeit zusammengestellt. Die Begehung sämtlicher Routen erfolgt jedoch auf eigene Gefahr und Verantwortung! Weder der Verfasser noch der Verlag können daher irgendwelche Haftungen übernehmen.

Bildnachweis: Umschlagmotiv vorne: zwischen Friedreichs und Schroffen

Besuchen Sie uns im Internet: www.kral-verlag.at

J. F. Kennedyplatz 2, A-2560 Berndorf
3., erweiterte und aktualisierte Auflage 2012

Projektleitung: Sonja Franzke, vielseitig.co.at
Umschlag- und Grafische Innengestaltung: Silvia Wahrstätter, buchgestaltung.at
Fotos: Bernhard und Anni Baumgartner, ABB wandertipp.at
Karten: ARGE Kartographie, St. Georgen am Steinfelde außer Karten
Seite 55, 60, 62, 65, 69, 72, 92, 97, 199, 204:© BEV 2012, Vervielfältigt mit Genehmigung des BEV –Bundesamtes für Eich- und Vermessungswesen in Wien, T2012/82215,
Bearbeitung: Lisa Veverka, kamchatka.cc

Druck und Bindung: Generál Nyomda Kft., H-6728 Szeged

ISBN 978-3-99024-002-1

Inhalt

Inhalt

Vorwort

Wie Bernstein oder gar wie Gold schimmern die Flüsse des Waldviertels, wenn sich die Sonnenstrahlen im Wasser verfangen. Nördlich von Zwettl gibt es sogar tatsächlich ein namenloses Wässerchen, das die Geologen wegen seiner Metallführung „Goldbach" nennen. In unserer Zeit werden aber andere Schätze immer mehr bedeutend und lebenswichtig. Dazu zählen vor allem unversehrte Natur und möglichst ursprünglich gebliebene Landschaften – am besten zu erleben als Wanderer im Waldviertel!

Mit der sogar zum „UNESCO Weltkultur- und Naturerbe" erklärten Wachau gehört das Waldviertel zu den bekanntesten Landschaften Österreichs. Im neuen „grenzenlosen" Europa ist das Waldviertel darüber hinaus noch den benachbarten Gebieten Tschechiens wieder näher gerückt. Für die Menschen diesseits und jenseits der Grenze könnte so eine historisch gewachsene Einheit früherer Zeiten – mit ihrer gemeinsamen Geschichte und trotz ihrer trennenden Schicksale – wieder lebendig werden. Im Tourismus ist es bereits soweit, denn die Naturschutzzone am „Grünen Band" hat quer durch Europa längst die Todeszone des „Eisernen Vorhangs" abgelöst. Ungehindert können nun Wanderer die ursprünglich gebliebene und zugleich gut erschlossene Natur des Grenzlandes genießen.

Dass daher das Waldviertel mit der Wachau samt Südböhmen und „Tschechisch Kanada" mein persönliches Lieblingsgebiet als Wanderer und Autor ist, wen mag das verwundern? Wurde mir doch eine unschätzbare Fülle von Eindrücken und Erlebnissen beim Erwandern dieser liebenswerten Landschaften geschenkt. Noch dazu konnte ich mich dabei oft schon fast wie ein „Sherlock Holmes der Wanderwege" fühlen!

Durch eine glückliche Fügung wurde ich vom „Wanderer aus Leidenschaft" zum Buchautor. So ist es mir vergönnt, meine Wandererlebnisse nicht nur in der eigenen Erinnerung zu bewahren, sondern auch in Text und Bild festhalten und veröffentlichen zu dürfen. All dieses Wanderglück ist nun in meinen neuesten Waldviertel-Führer eingeflossen. Ich hoffe sehr, dass die Leser und „Nachwanderer" meiner Touren diesen Schatz ebenso empfinden können, und dazu begleiten sie meine besten Wünsche!

Bernhard Baumgartner

Das Wandergebiet – nordisch bis pannonisch

Kennzeichnend für das Waldviertel und die angrenzenden Gebiete in Tschechien ist der „nordischer Charakter“ – eine eher sanftwellige Landschaft mit ausgedehnten Wäldern, Blockheiden, Mooren und Teichen. Dazu kommt ein relativ raues Klima, reich an Frost und Nebel im Winter, der angeblich Dreiviertel des Jahres dauert. Angenehm für den Wanderer sind gemäßigte Sommertemperaturen und überraschend geringe Niederschlagsmengen. In den randlichen, niedrigeren Lagen überwiegt offenes Gelände mit ausgedehnten Agrarflächen. Dort bringen die tief eingeschnittenen Täler von Thaya, Kamp und Krems Abwechslung ins Landschaftsbild. Von Osten her und entlang der Donau reicht das sommerlich heiß-trockene pannonische Klima in das Waldviertel hinein. Im unteren Kamptal und in der Wachau ist dieser Einfluss vorherrschend und vermittelt den reizvollen Eindruck einer Landschaft „zwischen Wein und Wald“.

Hochland an Zwettl und Kamp, Weinsberger Wald

Die bis 1000 m ansteigenden Gipfelkuppen sind der Rest eines im Erdaltertum entstandenen „Urgebirges“. Ursprünglich höher als die heutigen Alpen wurde es bereits im Erdmittelalter zu einer Rumpflandschaft abgetragen. Diese besteht überwiegend aus dem durch seine großen Feldspatkristalle auffallenden Weinsberger Granit. Zwettlbach und Großer Kamp entspringen nahe der oberösterreichischen Grenze und nehmen vom Weinsberger Wald noch den Kleinen Kamp auf. Besiedelt sind eher die Hochflächen dazwischen, und die Täler haben sich in großer Ursprünglichkeit erhalten.

Freiwald – Lainsitztal – Südböhmen

An den Tausendergipfeln in der Dreiländerecke von Nieder- und Oberösterreich und Böhmen entspringt die Lainsitz. Im Gegensatz zu den meisten anderen Gewässern des Landes fließt sie nicht der Donau zu, sondern gehört zum Einzugsgebiet der Nordsee. Ihr Ursprung liegt in einem Berggebiet mit voralpinem Relief. Dieses reicht von den endlos wirkenden Forsten des Freiwaldes bis in das „Gratzenerland“ bei Nové Hrady.

Niederösterreichs „hoher Norden"

Vom flachen Lauf der Lainsitz bei Gmünd bis zum nördlichsten Grenzpunkt bei Rottal zeigt die Landschaft des Bild der „Böhmischen Teichplatte". Typisch auf tschechischer Seite bei Třeboň / Wittingau, diesseits der Grenze bis zu den historischen Grenzstädten Litschau und Heidenreichstein reichend und ebenfalls schon jenseits der Europäischen Hauptwasserscheide gelegen.

Thayaland und „Tschechisch Kanada"

Die weitläufige Landschaft an der oberen Thaya ist mehr noch von Ackerflächen geprägt als von Wiesen und Wäldern. Das Einzugsgebiet der Mährischen Thaya hingegen, mit den historischen Städten Slavonice / Zlabings und Telč, hat an der Böhmisch-mährischen Höhe noch einen weniger kultivierten Charakter und wird daher „Tschechisch Kanada" genannt.

Inter-Nationalpark Thayatal / Podyji

Dieser nimmt beiderseits der Grenze das mittlere Thayatal ein. Der Flusslauf ist hier von steilen, teils felsigen Talhängen begleitet, zwischen seinen vielfachen engen Windungen erheben sich die sogenannten Umlaufberge. Nur spärlich landwirtschaftlich genützte Flächen und urwaldartige Wälder (nicht nur in der Zone des ehemaligen „Eisernen Vorhanges") sind die Voraussetzungen des österreichisch-tschechischen Nationalparks.

Kamptal und Kremstal

Das untere Kamptal zwischen Zöbing und Rosenburg wird auch „Kleine Wachau" genannt, eine sonnenwarme Gegend mit Weinterrassen und uraltem Kulturboden. Talaufwärts am teilweise aufgestauten Kamp, wie auch am Kremsfluss, sind steilwandige, dicht bewaldete Täler eingeschnitten. Die sanften Hochflächen darüber lassen unter dem Motto „Kristallviertel" den vielfältigen geologischen Untergrund kaum ahnen. Zwischen Gneisformationen sind hier u. a. immer wieder Grünsteine (Amphibolite), Marmor und Graphit eingelagert und weisen auf die „Meeresvergangenheit" des Waldviertels hin.

Ysper- und Weitental

In diesem stromnahen „Donau-Waldviertel" haben sich die Flüsse ebenfalls tief in das randlichen Hochland eingeschnitten. Über den mit Dörfern und Gehöften besiedelten Flächen mit ihrem herrlichen Alpenblick erheben sich mit Granitblöcken gespickte Bergmassive von voralpinem Charakter und einigen Tausendergipfeln am Südrand des Weinsberger Waldes.

Wachau – „Gebirge am Strom" und Weltkulturerbe

Das Durchbruchstal der Donau zwischen Melk und Krems schneidet vom Waldviertler Hochland den gleichartig aufgebauten Dunkelsteiner Wald ab. Die vielfach felsigen Talhänge umfassen bergwärts Wälder mit typischen Eichen-Hainbuchenbeständen, talwärts blumenreiche pannonische Trockenrasen und Felssteppen sowie die Weingarten-Terrassen mit ihren Trockensteinmauern – ein uraltes Kulturgut wie die Wachauorte selbst.
Literaturhinweis: „Erdgeschichte des Waldviertels" von F. Steininger (Hsg.: Waldviertler Heimatbund, p. A. 3580 Horn), „Naturerlebnis NÖ" von B. Baumgartner & K. Oswald, „Waldviertler Hausbuch" (NÖ Bildungs- und Heimatwerk), „Das Waldviertelbuch" von K. Lukan, Dehio-Handbuch „NÖ nördlich der Donau".

Tourismus-Informationen

Die 56 Wandergebiete sind mit ihren Standorten bezeichnet, im jeweiligen Infokasten befinden sich Angaben zu Gemeindeämtern oder Tourismusbüros samt Telefonnummern. Für weitere Informationen, Prospektzusendung und Buchungen wendet man sich an:
Waldviertel Tourismus, 3910 Zwettl, Sparkassenplatz 4;
Tel. 02822/52233; www.waldviertel.or.at
Tourismusverband Oberes Waldviertel, 3950 Gmünd, Weitraer Straße 44; Tel. 02852/53212; www.waldviertel.or.at
Tourismusverband Thayatal, 3820 Raabs / Thaya, Hauptstraße 25; Tel. 02846/365; www.thayatal.com
Tourismusverband Kamptal-Manhartsberg, 3550 Langenlois, Kamptalstraße 3; Tel. 02734/2000; www.kamptal.at
Tourismusverband Ysper-Weitental, 3683 Yspertal, Altenmarkt 100; Tel. 07415/6767-25; www.suedlicheswaldviertel.at

Donauregion Wachau-Nibelungengau, 3620 Spitz, Schlossgasse 3; Tel. 02713/30060; www.donau.com; www.wachau.at

Praktische Hinweise

Ausrüstung: Im Gegensatz zum Gebirge bietet das Waldviertel für den Wanderer nur geringe Probleme oder solche besonderer Art. So braucht man sich nicht mit viel Gepäck zu belasten, denn Einkaufs- und Einkehrmöglichkeiten bieten sich ausreichend an. Als Ausrüstung genügt eine funktionelle Sportbekleidung mit leichtem Wetterschutz. Hauptaugenmerk sollte aber auf das Schuhwerk gelegt werden – keine alpinen Bergstiefel, sondern wasserdichte Trekkingschuhe sind hier richtig!
Zur eigenen Sicherheit sollte beim Wandern stets ein Mobiltelefon mitgenommen werden!
Rettungsdienste: Notruf für Bergrettung – 140. Gendarmerie – 133, Rettung – 144, Allgemeiner Notruf – 122.
Begehbarkeit: Grundsätzlich kann man im Waldviertel und in der Wachau das ganze Jahr über wandern. Selbst durch Schnee und Kälte sollte man sich nicht von Winterwanderungen abhalten lassen! In den niederen Randgebieten ist im Hochsommer aber unbedingt auf kühlere Witterung zu achten.
Wegbeschränkungen: Die Benützung von Wegen kann infolge von Bewirtschaftung (z. B. Jagd, Forstarbeiten) zeitweilig eingeschränkt sein (Hinweistafeln mit amtlicher Verfügung).
Grenzgebiete: Das Überschreiten der Staatsgrenze ist für Fußgänger überall und jederzeit möglich, ein entsprechendes Reisedokument muss man jedoch dabei haben, in Tschechien auch Geld in der Landeswährung Kronen (zwar zumeist, aber nicht überall kann mit Euro bezahlt werden).
Öffentliche Verkehrsmittel: Bei Streckenwanderungen ist die Anbindung an Bus- und Bahnlinien wesentlich, im Waldviertel neuerdings gut organisiert, jedoch an den Wochenende nicht überall! Infos unter www.waldviertel-linie.at
Aktuelle Informationen und Tourenberichte im Internet:
www.wandertipp.at/bernhardbaumgartner/
www.zwalk.at

Zum Gebrauch des Buches

Die meisten der beschriebenen Routen verlaufen auf markierten Wegen. Trotzdem können immer wieder Orientierungsprobleme auftreten, weshalb die Wegbeschreibungen in detaillierten Form abgefasst sind, besonders natürlich bei unbezeichneten Routen. „Rechts“ und „links“ bezieht sich der Einfachheit halber selbstverständlich auf die beschriebene Gehrichtung. Die Gehzeiten wird jeder halbwegs rüstige Wanderer einhalten können, mit Kindern sollte man aber diese verlängern und dazu noch „Erlebniszeit“ zum Spielen und Erholen einplanen!

Für jedes Wandergebiet sind die wesentlichen Informationen in einem Infokasten zusammengefasst. Die Route enthält einen „ausgiebigen“ Wandervorschlag, der bei den meisten Routenbeschreibungen in einzelne Touren gegliedert ist (auch als Einzelwanderungen begehbar). Durch Hinweise auf abkürzende Rückwege zum Ausgangspunkt kann die Länge der Wanderung an die persönlichen Wünsche und Leistungsansprüche angepasste werden.

Für Touren mit Kindern, ungeübten oder weniger belastungsfähigen Personen sind die „Familienwege“ vorgesehen. Diese sind vor Ort möglichst einfach zu finden bzw. in den Routenbeschreibungen als Teilstrecken oder Varianten enthalten.

Zur besseren Orientierung beim Gebrauch des Buches dienen die Übersichtskarten, und diese sollten auch im Gelände in Verbindung mit den Wegbeschreibungen ausreichen. Wer auf genaue Kartenunterlagen Wert legt, möge vor allem auf die Österreichische Karte 1 : 50 000 des Bundesamtes für Eich- und Vermessungswesen zugreifen (am besten über die Austria-Map). Für Südböhmen sind gleichwertige Karten im Buch enthalten, die Wanderkarte von freytag&berndt WK 111 (Zwettl-Gmünd-Nebelstein-Arbesbach) ist von gleicher Qualität. Zu beachten ist, dass durch das Waldviertel Tourismus-Projekt „Wandern im Herzen des Waldviertels“ bisherige Wegnummern verändert wurden.

Zwettl: Im Zwettl- und Kamptal

Romantische Talwege am Zwettlbach und im Naturschutzgebiet Oberes Kamptal, ausgedehnte Rundwanderung, auch in Teilstrecken möglich.

Route: Zwettl–Syrafeld–Gschwendtmühle–Kamptal–Utissenbachmühle–(Kreuzhof)–Roiten–Kamptal–Hoher Stein–Schwarzalm–Zwettl; 28 km, Seehöhe zwischen 520 m und 660 m.

Gehzeit: 7½ Std. (kürzere Runden in ca. 3 Std.).

Einkehr: Gasthof in Roiten, Hotel-Restaurant Schwarzalm.

Info: Tourismusinformation 3910 Zwettl, Tel. 02822/503129.

Familienwege: Von der Utissenbachmühle zum Hohen Stein, von der Schwarzalm zur Gschwendtmühle und zum E-Werk, von Roiten zur „Hundertwasser-Mühle" (jeweils ca. 1 Std.).

Tour 1

Rundwanderung von Zwettl (3 Std.):

Von der Gerungser Straße (Stadtsaal, Bus-Zentrum) auf dem Promenadenweg (Waldlehrpfad, Weitwander-Markierungen) den Zwettlbach entlang, durch Waldgelände und über idyllische Wiesen nach Syrafeld. Hier von der links hinanführenden Straße auf dem markierten Weg durch den Moidramswald zum „**Kuenringerstein**" (an die Gründung des Stiftes Zwettl erinnernder Gedenkstein von 1660). Nach der Straßenüberquerung hinab zur **Gschwendtmühle** im Kamptal (1¾ Std.; Abzweigung zu Tour 2). Auf dem Fahrweg hinauf zur

Schwarzalm und Abstieg zum E-Werk im Kamptal (1898 durch die Stadt Zwettl als erstes Wechselstromwerk der Monarchie errichtet). Dann auf der Sandstraße bis zur Kampbrücke, dort auf demselben Ufer bleibend über den „**Touristensteig**" zum Spielplatz, von der folgenden Seitenstraße bei der Marienkapelle Aufstieg zur romanischen Propsteikirche und über den Kalvarienberg hinab zum Ausgangspunkt in Zwettl (ca. 1¼ Std.).

Hundertwasser-Dorfmuseum in Roiten

Tour 2

Anschlussweg nach Roiten (2¼ Std.):

Vom Stauwehr bei der Gschwendtmühle den Kamp entlang flussaufwärts zur Straße und auf dieser bis zur **Utissenbachmühle** (ca. 1 km, Zufahrtsmöglichkeit von der Straße von Zwettl Richtung Groß Gerungs über Gschwendt, beschränkter Parkplatz, weiter nach Roiten 1½ Std.). Der markierte Weg führt nun über die Kampbrücke und am östlichen (orografisch rechten) Ufer des Kamptals, am „**Hundertwasserhaus**" (ehemalige „Hahnsäge") vorbei, nach Roiten. Die Markierung über den Kreuzhof (vor der Brücke rechts am Ufer weiter) ist aufgelassen – nur mehr eine „Abenteuerwanderung" in teilweise dicht verwachsenem Gelände!

Kamp zwischen Roiten und Utissenbachmühle

Tour 3

Vom Kamptal über den Hohen Stein zur Schwarzalm (2¾ Std.): Von **Roiten** (576 m, Gasthof König, Hundertwasser-Dorfmuseum, Auskunft Tel. 02828/85 01) auf Asphalt flussabwärts den Kamp entlang und auf der Forststraße zum bunten „**Hundertwasserhaus**" (vom Maler Friedensreich Hundertwasser zeitweise bewohnte ehemaligen „Hahnsäge", knapp 1 Std.). Bald danach Abzweigung auf den **Hohen Stein** (659 m, gesicherter Steig auf den Gipfelblock). Jenseits kurzer Abstieg (links ins Kamptal Anschlussweg zur Utissenbachmühle, 1½ Std. von Roiten), dann Richtung Schwarzalm rechts abzweigen. Auf gut markiertem, aber etwas verwinkeltem Wanderweg, vorbei an der Weißenbachklamm und nahe dem „Jahnstein", durch ausgedehnte Wälder zum Hotel-Restaurant **Schwarzalm** (588 m, Anschluss nach Zwettl wie bei Tour 1, Rückweg zur Utissenbachmühle wie bei Tour 2 in ¾ Std.).

Rappottenstein – Arbesbach: Höllfall – Lohnbachfall – Schütt

Ausgedehnte Talwanderung zu den Naturdenkmälern am Großen und Kleinen Kamp, markiert, aber auch unmarkierte weglose Varianten. Rundwanderung von Rappottenstein zum mystischen Guttenberg in – „Das große Wandererlebnis NÖ".

Route: Rappottenstein–„Paradies"–Heumühle–Hausbach–Höllfall–Pretrobruck–Lohnbachfall–Schütt–Rappottenstein; 24 km, Seehöhe zwischen 600 m und 775 m.

Gehzeit: insgesamt 7 ¼ Std.

Einkehr: Gasthof Seidl in Pretrobruck.

Info: Marktgemeinden 3911 Rappottenstein, Tel. 02828/8240, und 3925 Arbesbach, Tel. 02813/7000.

Familienwege: Von Rappottenstein zur Burg Rappottenstein, von Pretrobruck zum Höllfall oder zum Lohnbachfall, jeweils einfache Strecke ca. 1 Std.

Tour 4

Von Rappottenstein nach Pretrobruck (3½ bis 4 Std.):
Vom Marktplatz in Rappottenstein bei der Sparkasse vorbei ins freie Gelände unterhalb des Ortes und rot markiert mit Nr. 612 + 54 hinab zum Steg über den **Großen Kamp**. Links unter dem Lebzelterhof weiter, auf einer Asphaltstraße bei der Bruckmühle vorbei und kurz rechts die Kirchbacher Straße entlang. Beim Wegweiser „**Zum Paradies**" links abzweigen und auf dem Viermärkteweg Nr. 612 wieder den Kampfluss entlang. Die einst sicher romantischen Lichtungen im „Paradies" sind leider großteils aufgeforstet! Nach dem Überqueren der Reichenbacher Straße auf Karrenwegen weiter bis zur **Heumühle** (1 ¼ Std.).
Variante „Granitklamm" und „Kampwiesen" (reizvolle Orientierungswanderung im großteils weglosen Gelände, aber kaum Zeitersparnis und nur für erfahrene Wanderer): Bei der Heumühle über den Kamp und gleich rechts auf dem Fahrweg weiter, auf der Anhöhe rechts zu einem felsigen Vorsprung – unterhalb großartige Klammstrecke! Zurück zum Fahrweg und weiter nach Neustift, rechts auf der Straße die Kampbrücke bei P. 694 m überqueren. Dort über die Wiesen am Kamp weglos entlang (nur bei

niedrigem Graswuchs, sonst gleich auf der Straße über Hausbach weiter). Vor dem nächsten Waldstück rechts hinauf gegen Feuranz und auf dem Güterweg hinunter zur Kreuzung nahe der Hausmühle (einfacher Weiterweg – auf Güterweg zweimal rechts haltend nach Arnreith und direkt in den Eisgraben vor Petrobruck).

Für die Variante hier rechts weiter. Wo sich der asphaltierte Güterweg gegen Hausbach hinaufwendet, links ab zum Kampufer, nahe dem Fluss auf dem Wiesenboden bleiben. An dessen Ende folgt im Wald eine Steigspur, oberhalb eines teichähnlichen Altwassers vorbei und zu dem von Hausbach her kommenden asphaltierten Güterweg.

In der Granitklamm

Als „**Normalweg**" zunächst bei der **Heumühle** Richtung Gletschermühlen rechts die rote Markierung (Weg Nr. 612 + 11) entlang. Kurz danach links abzweigend auf Waldweg mit Nr. 12 über die Berghöhe hinweg in ein breites Seitental. Hier rechts auf der Asphaltstraße hinauf nach

Hausbach und gleich nach dem Ortsbeginn links abzweigend auf Güterweg hinunter ins Kamptal. Dieses rechts entlang zur Kampbrücke unterhalb vom Höllfall (718 m, ca. 1½ Std.; altes Mariazeller Wallfahrermarterl).
Nun direkter Weiterweg auf der Asphaltstraße durch den Eisgraben in 40 Min. nach Pretrobruck. Oder lohnender rechts abzweigend auf dem rot markierten Karrenweg im engen, stark verblockten Waldtal bergauf, durch das der Große Kamp im Höllfall herabrauscht. Oberhalb der von Felsen gesäumten Engstelle „**Himmel und Hölle**" zweigt links eine Forststraße ab. Auf dieser unmarkiert über einen Sattel hinweg und talauswärts bis zu einer Birkenblockgruppe an der Asphaltstraße im Eisgraben. Auf dieser leicht ansteigend kaum mehr 1 km nach **Pretrobruck** (775 m, 1 ¼ Std.; Gasthof Seidl, Tel. 028 13 / 410, Montag Ruhetag).

Tour 5

Rückweg nach Rappottenstein (ca. 3½ Std.):
Von der Straßenkurve vor dem Gasthof auf Rundwanderweg Nr. 12 rechts, asphaltiert am „Froschstein" vorbei, über die Fluren der „Kreuzlüsse". Zuletzt über einen Waldrücken hinab zum „**Zeller Steg**" (alter Wallfahrerweg nach Mariazell), wo links die Markierung zum **Lohnbachfall** abzweigt. Auf Karrenweg das Waldtal ent-

lang und auf einem Steig weiter zum Steilabbruch mit seinen gewaltigen Granitblöcken. Das Wasser fließt zunächst darunter verborgen, und erst im unteren Teil als Kaskaden des romantischen Wasserfalls. Am Rastplatz gegenüber der Kluftspalte „**Steinerne Stube**" vorbei und über mit Eisengeländer gesicherte Holzstufen steil hinunter zum flachen Talboden am unteren Lohnbach. Diesen entlang zur Hauptstraße (rechts zur folgenden Variante), wo links die grüne Markierung und der Rundwanderweg Nr. 12 direkt weiter zur **Wiesmühle** führen (645 m, 1 ¾ Std.).

Variante über „Kleinkamp" (unmarkiert, nur bei trockenem und niedrigem Gras lohnend, gleiche Gehzeit): Auf der Hauptstraße rechts bis vor die Brücke und links neben dem Kleinen Kamp auf dem anfangs asphaltierten „Kienauweg" um den Waldrücken herum. Dann in Flussnähe quer über die etwas sumpfigen Wiesen zur nächsten Brücke mit der gelben Markierung. Auf dieser links zu den Höfen von Kleinkamp, auf der Straße wieder hinab zum Fluss und zur Wiesmühle.

Von der **Wiesmühle** entlang der Markierung weiter in das Engtal des Kleinen Kamp, der nun in der „**Schütt**" ein Blockmeer durchfließt. Leider schwenkt die Markierung bald wieder auf einen durch Fichtenaufforstungen vom Fluss getrennten Fahrweg ab (die Einheimischen kraxeln bisweilen noch ein Stück auf den Blöcken über dem meist unterirdisch fließenden Kamp weiter!). Das dicht bewaldete Kleine Kamptal weiter entlang und an der Wegkreuzung bei der **Oedmühle** vorbei (rechts gelb markierter Aufstieg zur Burg Rappottenstein; Rückweg ins Tal auf Weg Nr. 612, zusätzlich ½ Std.). Auf dem Talweg weiter zum „**Burgsteg**" (1 Std., Einmündung von der Burg) und links abzweigend auf dem Viermärkteweg hinauf nach Rappottenstein (20 bis 30 Min.).

Tour 6

Rundwanderweg von Arbesbach (landschaftlich sehr schön, teilweise Asphaltstrecken, 5 Std.):

In Arbesbach über den Schlossberg zum Rundwanderweg, der über Neumelon zum Sägewerk Renngasse führt. Über die Brunnmühle talabwärts zum „Zeller Steg" (Abstecher zum Lohnbachfall zusätzlich ½ Std.). Weiter nach Pretrobruck zum Gasthof Seidl (2½ Std.) und durch den Eisgraben zum „Zeller Marterl". Links am Höllfall entlang aufwärts und auf dem Rundwanderweg nach Stolzenthal, zuletzt 2 km Straßenmarsch zurück nach Arbesbach (2 Std.).

Kleiner Kamp in der „Schütt"

Arbesbach – Altmelon: Arbesberg – Teufelsmauer – Luagaluckaweg

Eine „steinreiche" Rundwanderung nach Altmelon mit Anschluss zum Luagaluckaweg, der wohl „steinreichsten" Tour des Waldviertels! Runde durch das Naturschutzgebiet Meloner Au in – „Das große Wandererlebnis NÖ".

Route: Arbesbach–Schlossberg–Arbesberg–Teufelsmauer–Altmelon–(Luagaluckaweg)–Schindleck–Arbesbach; 10 km, Seehöhe zwischen 800 m und 928 m.

Gehzeit: 3¾ Std. (Luagaluckaweg 3 Std.).

Einkehr: „Kirchenwirt" Lichtenwallner in Altmelon.

Info: Gemeinde 3925 Arbesbach Tel. 02813/7000, „Kirchenwirt" Lichtenwallner, Tel. 02813/302.

Familienwege: Schlossberg in Arbesbach und Arbesberg von der Straße Richtung Altmelon (jeweils ½ bis ¾ Std.), „Hundebadeteich" und Teufelsmauer von Altmelon (1¼ Std.), Luagaluckaweg vom Gaubitzhof (1½ Std.), Bärengehege beim Gasthof Kolm in Schönfeld.

Tour 7

Von Arbesbach nach Altmelon (insgesamt 2½ Std.):

In Arbesbach von der Straße Richtung Rappottenstein rechts zum Ruinenturm auf dem Schlossberg (Wahrzeichen als **„Stockzahn des Waldviertels"**, 903 m, Schlüssel in der Bäckerei Huber). Zurück zum Ruinen-Parkplatz und links am Schlossberg vorbei zur Straße Richtung Neumelon. Bald auf dem rot markierten Rundwanderweg rechts abzweigen und durch die Mulde des Arbesbaches zu einem Sattel mit Bildstock, dort rechts zur Altmeloner Straße und wieder rechts bis zum markierten Steig auf den **Arbesberg** (895 m, markanter Blockgipfel).

Granitblock beim Gaubitzhof

Zurück zur Straße und gegenüber auf dem Rundwanderweg weiter über die Anhöhen bis zur Abzweigung zur „**Teufelsmauer**" (Blockburg mit Höhlen und Felsdächern, im Weinsberger Granit teilweise riesige Feldspatkristalle). Dann über die „Hauslüsse" und am „**Ersten europäischen Hundebadeteich**" vorbei nach **Altmelon** (880 m, 1½ bis 2 Std.).

Tour 8

Der Luagaluckaweg (3 bis 3½ Std.):

Von Tour 7 kommend, noch vor dem Ort auf der Straße links und kurz danach rechts zum Rundwanderweg (vogelförmiger Steinblock). Auf Forststraße durch die Wälder zur beschilderten Abzweigung des Luagaluckaweges. Am „Fahrthofer Bründl" (sogar mit Trinkbecher für Waldi) vorbei hinauf zu den „**Fahrthofer Höhlen**": Blickfang ist ein Steintor, aber auch alle anderen Winkel dieses gigantischen Blockmassivs mit ihren Klüften und Hohlräumen sind überaus eindrucksvoll! Oberhalb der Steinmassen auf dem Güterweg kurz links und im Wald hinauf, bei Blockmauern links um den Bergrücken herum zur Hauskapelle des Schmerlinghofs (1¼ Std.).

Nun folgt der Höhepunkt der Tour: Die stets gute Markierung führt durch einen Hochwald mit unglaublichen Blockformationen

(Infotafeln und Punktmarkierung zu allen interessanten Stellen) – „Schmerlingmauer“, „**Höhle des Löwen**“ und „Gaubitzhöhle“ mit Dachüberhang und Höhlendurchgang. An einer Riesenbuche vorbei dann bergab zur Asphaltstraße beim **Gaubitzhof**, wo nach wenigen Metern am abzweigenden Fahrweg noch die „**Luagalucka**“ durchklettert werden kann (ca. 1 Std. mit allen Besichtigungen; Zufahrt bis zum Gaubitzhof möglich, dort links und kurz abwärts zu den „Fahrthofer Höhlen“, weiter wie beschrieben).

An einem zyklopischen Granitblock vorbei auf der Asphaltstraße markiert weiter, aber nach dem Sattel besser links Richtung „**Kühbichl**“ abzweigen. Nach den Gehöften (origineller Steinkeller) rechts am Galgenberg vorbei zur Altmeloner Straße, auf dieser in den Ort hinein (ca. 40 Min.).

Dabei kann man noch zum **Kaltenbergweg** abzweigen (zusätzlich ca. ½ Std.) – sehr lohnend, besonders interessant der Höhlenblock mit dem „Pfarrerstuhl“, zuletzt Einmündung in den Rundwanderweg am Beginn der Tour und links in den Ort.

Tour 9

Rückweg nach Arbesbach (1¼ Std.):

Von der Seitenstraße Richtung Purrath rechts rot markiert ins freie Feld hinaus (Weitwanderweg Nr. 05 + 08). Nach den hoch gelegenen Streifenfluren leicht bergab zum Hof Schindleck. Von dessen Zufahrtsstraße quer über den Talboden des Schönfeldbaches zum Hof Oberreith. Um den Bergkegel von Buchegg herum und zum Buchegger Güterweg. Auf diesem zur Kreuzung und durch die Linzer Straße hinein nach Arbesbach (Einkehrmöglichkeiten, Gasthof-Bäckerei-Cafe Kerschbaummayr, Besichtigung der Hammerschmiede empfehlenswert).

Kirchbach: Burgleiten – „Paradies" – Teufelskirche

Historisch interessante Rundwanderung mit großartigen Blockformationen und romantischen Talstrecken, markierte Wege, anfangs längere Asphaltstrecken.

Route: Kirchbach–Himmelreich–Reichenbach–Lembach–Burgleiten–Gletschermühlen–Heumühle–Kamptal–„Paradies"–Oberrabenthan–Teufelskirche–Kirchbach; 13,5 km, Seehöhe zwischen 611 m und 844 m.

Gehzeit: insgesamt ca. 4½ Std.

Einkehr: unterwegs keine Möglichkeit.

Info: Marktgemeinden 3911 Rappottenstein, Tel. 02828/8240.

Familienwege: Rundwanderungen von Lembach über Burgleiten und Gletschermühle, von Kirchbach über Oberrabenthan und Teufelskirche, jeweils 1½ bis 2 Std.

Tour 10

Kirchbach – Burgleiten – „Paradies" – Kirchbach (4½ Std.): Vom Ortsplatz in Kirchbach (641 m, Kirchort der Gemeinde Rappottenstein, Gasthaus Kapeller, Parkplatz beim Feuerwehrhaus) auf dem Rundwanderweg Nr. 11 zur freien Berghöhe am **Himmelreich** (760 m, unterwegs ein altes „Zellermarterl"). Hinunter nach **Reichenbach** und (von Weg Nr. 11 abzweigend) rechts stets auf Asphalt nach **Lembach**, das links auf der Dorfstraße durchquert wird (734 m, ca. 1 Std.).

Beim Feuerwehrdepot rechts zunächst noch asphaltiert den Güterweg hinauf und vom Waldrand am **Siebenberg** (Rastbank) auf der Sandstraße in das Waldgelände. Bei der Weggabelung geht man rechts den Forstweg hinauf zu einem Waldsattel und zur **Burgleiten** (844 m, 30 bis 40 Min.; aus drei Blockmassiven gebildeter Gipfel mit einer um 1200 errichteten, bald verödeten Burg, Infotafeln, Rundgang ca. 20 Min.).

Zurück zum Waldsattel und nun rechts rot markiert zur Kreuzung mehrerer Wege, hier links unmarkiert zu der im Aufstieg verlassenen Sandstraße. Nun auf die Markierung im unübersichtlichen Waldgelände achten! Man geht zuerst rechts, dann auf dem linken Weg weiter und bei einem Querweg geradeaus bergan.

Nach der Anhöhe rechts auf den rot mit Nr. 612 markierten Steig abzweigen. Wo sich dieser bei einem kleinen Sattel mit Steinblöcken nach rechts wendet, zweigt von der Markierung eine alte Steigspur ab (Reste roter Markierungen). Man erreicht auf dieser eine Waldkuppe mit riesigen Blockformationen, Dachvorsprüngen, einer Doppelschale auf dem vorspringenden Gipfelblock und unterhalb (etwas mühsam zu erreichen und verwachsen) ein großes Steintor! Dort wird auch gleich daneben wieder der Hauptweg erreicht (bis zurück nach Kirchbach auf dem neuen Rundweg Nr. 11).

Oberhalb kleiner Waldteiche auf einem Hangweg links zu einem Sattel und dort sehr steil rechts hinab zum großartigen Naturdenkmal **Gletschermühlen** (Infotafeln). Nach dem Gegenanstieg zum folgenden Sattel kann man von dort, rechts durch das Fichtendickicht abzweigend, eine Blockburg mit einem steinernen „**Hundekopf**“ erklimmen. Dann führt der rot markierte Weg Nr. 11 am Hang weiter und erreicht eine Abzweigung mit Wegweiser zum „**Steinernen Torbogen**“ (lohnender Seitenweg von 20 Min. mit weiteren unerschlossenen Granitformationen). Hinauf zu einer Waldlichtung (altes Wegkreuz) und rechts die freien Flächen der Satzing (790 m) entlang. Nahe einem Einzelhaus in den Wald hinab und Abstieg zur **Heumühle am Großen Kamp** (ca. 680 m, 1½ Std).

Gleich beim Steinkeller links abzweigend zu einem rot markierten Steig, der bald überaus idyllisch am Großen Kamp entlang führt. Diese Wegstrecke ist das eigentliche „**Paradies**“, bald aber folgen Karrenwege durch das ziem-

Granitblock „Hundekopf“

Von der Heumühle ins „Paradies"

lich verwachsene Tal bis zur Reichenbacher **Kampbrücke**. Abkürzender **Rückweg nach Kirchbach** auf Rundweg Nr. 11 – auf der Straße links nach Reichenbach hinauf und wie am Beginn dieser Tour in Gegenrichtung nach Kirchbach, ca. 1 Std.

Tour 11

Vom „Paradies" zur Teufelskirche (2½ Std.):
Von der Reichenbacher Kampbrücke weiter das Waldtal entlang bis zur Kirchbacher Straße, auf dieser rechts und dann links in den Wald hinauf (Achtung – alter Rundwanderweg mit gelber Markierung, neu Paradiesweg Nr. 6). Dann über die abwechslungsreiche Hochfläche auf einem Asphaltweg nach **Oberrabenthan**. Aus der Dorfstraße links abzweigen – von dort Abkürzung auf dem alten „Kirchenweg" hinunter nach Kirchbach (1½ Std. von der Heumühle). Für den Teufelskirchenweg Nr. 9 aber auf dem rechts weiterführenden Güterweg über die Anhöhen weiter. Bei der folgenden Querung eines markanten Waldgipfels kann rechts auf Seitenweg ansteigend die Felsgruppe mit der **Teufelskirche** erreicht werden. Zurück zum Hauptweg, im Bogen hinab zum Etzenbach und durch den **Etzner Graben** talaus nach Kirchbach (2½ Std. von der Heumühle).

Schönbach: Gipfeltour über Traunstein

Landschaftlich besonders reizvolle Bergwanderung am Nordrand des Weinsberger Waldes. Rundtour zwischen Traunstein, Aschen und Pernthon in – „Das große Wandererlebnis NÖ".

Route: Schönbach–Blättergraben–Haberegg–Traunstein–Buchegg–Dorfstadt–Schönbach; 22 km, Seehöhe zwischen 710 m und 923 m.

Gehzeit: als Rundtour ca. 6 Std.

Einkehr: Gasthöfe in Traunstein.

Info: Marktgemeinden 3633 Schönbach, Tel. 02827/7002 und 3632 Bad Traunstein Tel. 02878/6077.

Familienwege: In Traunstein auf den Wachtstein, zum „Franzosenstein" und zum „Wiegenstein", Rundgang in ca. 1½ Std.

Tour 12

Von Schönbach nach Traunstein (3½ Std.):

Nach Besichtigung der spätgotischen **Wallfahrtskirche** „Maria Rast" hinunter zur Hauptstraße, beim Supermarkt (710 m, Parkplatz) abzweigen und auf der Lichtenaustraße mit der roten Weitwanderweg-Markierung Nr. 612 + 605 hinauf in das mit zahlreichen Steinblöcken durchsetzte Gelände beim **Fichtenhof**. Bei dem danach im Wald erreichten Sattel vom Asphalt rechts abzweigen, mit Markierung Nr. 91 auf einem älteren Forstweg neben der Forststraße Reingraben bergab in ein romantisches Waldtal hinein. Dann wird der Bach auf einem Steig links überquert und die nächste Forststraße

Traunstein vom Wachtstein

beim Blockvorsprung der „**Höllgeanzn**“ erreicht. Auf dieser talaus und um den Rücken herum wieder talauf in den **Rehbachgraben** hinein, aus dem links abbiegend das freie Gelände beim Hof Reitzenorth erreicht wird.

Gleich wieder vom Asphaltweg rechts abzweigend zum Zollnhof und auf dem Güterweg hinunter zum **Waidhof** (1½ Std.; oberhalb Gedenkstein für einen der im Waldviertel vermuteten Herkunftsorte des Minnesängers Walther von der Vogelweide). Auf dem Weitwanderweg Nr. 605 weiter (dieser führt nach Traunstein), aber im nächsten Waldgraben vor dem Anschaubach links auf den Steig mit der roten Markierung Nr. 53 abzweigen Nach der Bachquerung hinaus zum Fahrweg, dort rechts und gleich am linken Wiesenrand entlang bergauf zum Hof **Blättergraben** (daneben ein alter Backofen!).

Auf der asphaltierten Straße weiter bis zum Sattel, gleich bei der Bank am Waldrand rechts abzweigen und auf Markierung Nr. 53 in wechselvollem Gelände hinauf zum Hof **Hengstberg.** Dort auf der Asphaltstraße weiter (Rückblick zur Ruine Arbesbach) und im nächsten Wald rechts auf Fahrwegen hinüber zum Hof **Habeegg** (1 ¼ Std.). Beim Gehöft vorbei kurz rechts, dann durch eine Talmulde im Bogen links haltend hinauf zu den welligen Hochflächenwäldern. Die anschließenden Forststraßen münden in die asphaltierte Aschener Straße, von dieser rechts auf dem Schulbergweg nach **Traunstein** (923 m, ¾ Std.; Ausstellung über den „Bildhauerpfarrer" Prof. Josef Elter, phantastische Fernsicht vom Wachtstein).

Tour 13

Rückweg nach Schönbach (2½ Std.):

An der Pfarrkirche und der Abzweigung zum Wachtstein vorbei über den Kirchenberg hinunter zur Schönbacher Straße mit dem berühmten „**Franzosenstein**" (den Napoleonischen Besatzungssoldaten war es seinerzeit nicht gelungen, diesen typischen Wackelstein von seiner Unterlage zu stürzen). Links um die Kurve und vor dem Sportplatz rechts entlang der Markierung Nr. 53 auf den folgenden Waldwegen zum sagenumwobenen „**Wiegenstein**" (Infotafel). Im geschlossenen Waldgelände weiter wechselt man von einer ansteigenden Forststraße rechts auf einen alten Karrenweg und kommt zur Asphaltstraße bei den Höfen **Überländ und Winkel**. Nach dem Sattel rechts auf dem Asphaltweg hinunter zur almähnlichen Höllbachmulde und bald auf rechts abzweigendem Weg hinauf gegen Prettles. Am ersten Gehöft vorbei und rechts abzweigend noch immer auf dem rot markierten Rundwanderweg Nr. 53 über die verblockte Anhöhe nach **Buchegg** (1 ¼ Std.).

Streifenfluren

Steintisch beim Fichtenhof

Die markierte Route führt nach der Häuserzeile geradeaus in den Waldgraben hinab, dann muss man fast 2 km auf der Straße bis Dorfstadt gehen.

Variante „Rehbachgraben" (keine Zeitersparnis, aber abseits der Straße, unmarkiert): Aus der Häuserzeile links zur Straße und bergab bis zur zweiten Rechtswendung, wo zwei Forststraßen wegführen. Auf der rechts abzweigenden hinunter in den steilen Waldhang, auf dem Forstweg bei der nächsten Querung direkt hinab in den Talgrund und rechts zur Straße nach Dorfstadt.

Am Ende des Weilers **Dorfstadt** rechts auf der **„Alten Straße"** (erst später blau und grün markiert) in den Dorfstadtgraben, leicht bergan querend zu einer Forststraße und weiter zur **Marienkapelle** an der Sattellichtung. Man bleibt nun auf diesem Forstweg (MTB-Route), gelangt aber rechts abbiegend zur Wiese oberhalb des Fichtenhofs, einem überaus reizvollen Platz mit Aussicht gegen das Kleine Kamptal und interessanten Steinformationen (u. a. ein Kreis von Granitblöcken, Schalensteine und ein aufgestellter Steintisch). Nun hinunter zur asphaltierten **Lichtenaustraße** und links zurück nach Schönbach (1 ¼ Std.).

Groß Gerungs: Zwettltal und Klauskapelle

Rundwanderung im oberen Zwettltal mit kürzeren Varianten, zum „Wunschglöckchen" und den mystischen Granitblöcken der „Kraftarena"; Anschlusswege nach Langschlag und über Griesbach.

Route: Groß Gerungs–Hypolz–(Fichtner–Griesbach)–Kinzenschlag–Klauskapelle–Langschlag–Hochberg–Groß Gerungs; 18,5 km (25 km), Seehöhe zwischen 660 m und 820 m.

Gehzeit: 6 Std. (über Fichtner zusätzlich 2¼ Std.), „kleine Runde" Tour 15.

Einkehr: Gasthöfe in Griesbach, Kinzenschlag und Langschlag.

Info: Stadtamt 3920 Groß Gerungs, Tel. 02812/8611.

Familienwege: Zur Klauskapelle von Klein Reinprechts oder Harruck (jeweils 1 Std.), zu den Blockmassiven der „Kraftarena" (Zufahrtsmöglichkeit und Gehzeit von ca. ½ Std.).

Tour 14

Zur Klauskapelle und nach Langschlag (4½ Std.):

In Groß Gerungs beim Oberen Marktplatz an der Linzer Straße entlang der Weitwanderweg-Markierung Nr. 608 + 612 aus der Stadt hinaus und auf asphaltiertem Güterweg rechts nach **Klein Reinprechts** (am linken Ortsende „Steinbackofen" und „Hüterhäusl"). Weiter über einen Feldweg hinüber ins breite Zwettltal und vor der Brücke auf Waldweg zur unter hohen Felsen gelege-

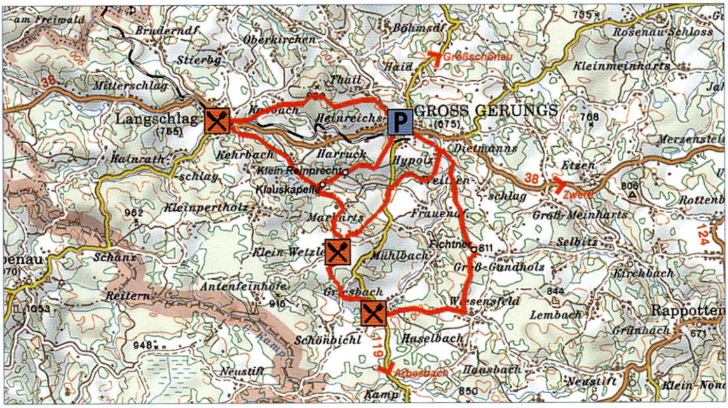

nen **Klauskapelle** (1¼ Std.; mit einmaligem Ziehen am Glockenstrang soll das Glöckchen dreimal anschlagen, damit man einen – nur gedachten! – Wunsch erfüllt bekommt). Am „Erlebnisweg" mit Infotafeln weiter zum riesigen, 2011 umgestürzten **Wackelstein** und zur Kothoresstraße. Nun entweder diese entlang zur ehemaligen Fabrik und hinauf zum Kerbelhof oder gleich auf einem links oberhalb beginnenden Waldsteig dorthin. Weiter über die Berghöhe auf Weg Nr. 51 nach **Langschlag** (1 Std.; sehr lohnend ist der „Steinwanderweg" bis zum Stierberg, 2½ Std., Kurzführer mit Karte in den Gaststätten).

Rückweg nach Groß Gerungs: Die Straße Richtung Groß Gerungs entlang und links auf Weitwanderweg Nr. 608 nach Kasbach. Dann durch die Wälder am Hochberg und auf Asphaltweg bzw. über die Thailer Straße nach Groß Gerungs. Dabei kann bei Wegweiser abzweigend noch der Opferstein der „Kraftarena" besucht werden (2 bis 2½ Std.).

Tour 15

Über Kinzenschlag zur Klauskapelle (als Rundtour 3½ bis 4 Std.): In Groß Gerungs die Zwettler Straße entlang und rechts auf dem Viermärkteweg Nr. 612 hinüber nach **Hypolz**, durch das Dorf und über die Anhöhe ins Zwettltal zum „Schafsteg". Jenseits des Flusses auf dem Forstweg „Frauendorf" rechts das Tal entlang bis zur Bundesstraßen-Brücke. Die Straße entlang links nach Klein-Gundholz, in das Dorf hinein und auf dem Güterweg geradeaus durch einen Waldgraben hinauf nach **Kinzenschlag** mit dem Gasthof Einfalt (820 m, 1¾ Std.). Unterhalb davon links entlang der Weitwanderweg-Markierung (Nr. 612 + 608) auf einem Fahrweg nach **Marharts**. Dort links halten und bald bergab in das Waldgelände. Vom Fahrweg zweigt später nach der Rechtswendung ein Steig links zum Zwettlbach ab, der über einen Steg zur **Klauskapelle** führt (¾ bis 1 Std., wie bei Tour 14 Weiterweg nach Langschlag oder in Gegenrichtung über Klein Reinprechts zurück nach Groß Gerungs (1¼ Std.).

Klauskapelle

Tour 16

Über Fichtner und Griesbach nach Kinzenschlag (empfehlenswerte Variante in 4 Std.):

Vom Hauptplatz in Groß Gerungs die Zwettler Straße entlang und rechts rot markiert Nr. 612 (diese Markierung wird bis zum Fichtner verfolgt) nach **Hypolz**. Im Dorf links abzweigend zur nach Griesbach führenden Asphaltstraße und auf dieser rechts im Tal weiter bis zur **Weißmühle**. Dort links abzweigend an den Gebäuden vorbei und auf einem bald wenig ausgeprägten Karrenweg zum Waldrand hinauf. Die folgende, mit nur wenigen Markierungen versehene Wegstrecke führt leicht ansteigend zum rechts vom Friesenhof her einmündenden Güterweg. Geradeaus nun mit MTB-Markierung zur Steinsäule auf dem Fichtner (811 m). Bei der folgenden Kreuzung rechts und nun auf Weg Nr. 613 + 11 + MTB weiter. Zuerst noch im Feldgelände (einen Acker querend), bald aber durch ein ausgedehnteres Waldgebiet, dabei durchwegs geradeaus halten. Im folgenden freien Gelände über die Anhöhe mit dem „Weißen Kreuz" nach **Wiesensfeld**. Auf der Straße rechts und nach 500 m links abzweigend, zuerst im freien Gelände, dann über die bewaldete Anhöhe nach **Griesbach** (780 m, 3 Std., Gasthaus). Von hier geht man entlang der Weitwanderweg-Markierung Nr. 608 + 612 zum Gasthaus Einfalt in **Kinzenschlag** und wie bei Tour 15 bis zur **Klauskapelle** (ca. 1¾ Std.). Rückweg nach Groß Gerungs über Langschlag in 3½ Std., über Klein Reinprechts in 1¼ Std.

Steinsäule am Fichtner

Langschlag: Klauskapelle und „Schmetterlingsparadies“

Ausgedehnte Rundtour über die Berghöhen zwischen Zwettlbach und Abspann, mit „Schmetterlingsrunden“ und Anschluss zum Frauenwiesteich.

Route: Langschlag–Kothores–Kleinpertholz–Bucheck / „Schmetterlingsparadies“ (abkürzender Rückweg)–Abspann–Bruderndorferwald–(Variante Frauenwiesteich)–Langschlag; 19,5 km, Seehöhe zwischen 765 m und 962 m.

Gehzeit: gesamte Runde ca. 6 Std. (Varianten 4 bis 5 Std.).

Einkehr: „Schmetterlingsparadies“ und Frauenwiesteich.

Info: Gemeinde 3921 Langschlag, Tel. 02814/82 18.

Familienwege: Von der Zufahrt Richtung Kothores zur Klauskapelle (über Zwettlsteg zum Backofen und zurück auf der Zufahrt), Rundgang im „Schmetterlingsparadies“ und Rundweg am Frauenwiesteich, jeweils 1 Std.

Tour 17

Klauskapelle – Kothores – „Schmetterlingsparadies“ (4½ Std.): Beim Hotel-Restaurant „Waldviertlerhof” vorbei die Ortsstraße entlang und Richtung Waldlehrpfad ansteigend ins freie Gelände. Die rote Markierung Nr. 92 (durchgehend für die gesamte Tour, früher Nr. 51) führt auf dem Güterweg „Kirchensteig” zum **Kerbelhof** (Meierhof aus dem 17. Jh. mit Ruine des Schüttkastens). Gegenüber dem Herrenhaus der ehemaligen „Fabrik” rechts abzweigend markiert weiter zu einem hübschen Waldweg, der nur kurz unterbrochen zur Kothores-Straße leitet (716 m). Nun gleich auf dieser hinauf nach Kothores oder lohnender über den Zwettlbach und auf Waldweg zur **Klauskapelle** mit dem „Wunschglöckchen“ (siehe auch Tour 14). Über den Steg ans westliche Ufer und weiter ansteigend nach

Kothores (1 bis 1½ Std.; links ein renovierter Steinbackofen). Von dort auf dem Fahrweg über einen Rücken und den folgenden Sattel hinweg nach Kleinpertholz hinab. Gleich bei den ersten Häusern links hinauf in eine Hochmulde, dann auf der Kammhöhe zum Bildstock beim Hochstegenberg (900 m). Nun etwas bergab, zuletzt durch eine Lärchenallee zum Hof Lamberg und asphaltiert zum Sattel von Bucheck mit dem „Schmetterlingsparadies" (899 m, 1½ Std.; geöffnet 1.5. bis 26.10., Einkehrmöglichkeit, Info: Tel. 0732/65 40 57). Abkürzender Rückweg auf der „Kleinen Schmetterlingsrunde" – 500 m Straße und Weg Nr. 93 über Holzberg nach Kainrathschlag, zuletzt 2 km Straßenmarsch bis Langschlag (ca. 1½ Std.).

Tagpfauenauge

Tour 18

Rückweg über Bruderdorferwald auf der „Großen Schmetterlingsrunde" (ca. 3 Std.):

Vom Lamberghof kommend gleich gegenüber, immer noch auf Asphalt, weiter bis zum Abspann-Güterweg und dessen Bogen abkürzend zur Hubertuskapelle am **Abspannberg** (962 m, 20 Min.; bereits im 16. Jh. als „Linzerstraße" angelegter wichtiger Handelsweg). Die durchgehend rot mit Nr. 92 markierte Route gelangt dann in die geschlossenen Forste des erst Anfang des 18. Jh. durch Holzfäller besiedelten Langschlägerwaldes. Dort bei der ersten Verzweigung geradeaus und bei der nächsten (nach einer Lichtung) auf dem rechten alten Weg zu einer breiten Forststraße. Diese führt, bald mit Blick zur Brockenwarte bei Liebenau, bergab zum Sattel der neuen Abspannstraße (25 Min.). Auf Forststraße westlich rot markiert weiter und bei Gabelung rechts. An einem verfallenden Gehöft und beim folgenden Haus links vorbei hinab zu den ebenen Wiesen von **Bruderndorferwald** und beim Au-Hahn-Hof zur Straße. Auf dieser rechts und in einem Bogen nahe dem Gehöft Maringer dem Asphalt ausweichend, geht es doch auf

Am Frauenwiesteich

der Straße bei der ehemaligen Volksschule **Siebenhöf** bis vor den Braunhof (865 m, 1 Std., oberhalb große Blockformen).

Variante zum Frauenwiesteich: Links abzweigend 1,5 km auf der Straße bergab zum großen Bade- und Fischteich am Ursprung des Zwettlbaches (ca. 20 Min.), dort Freibad und Buffet; Spazierweg rund um das malerische Gewässer in ½ bis ¾ Std. überaus lohnend. Zurück nach Langschlag leider 3,5 km auf der Hauptstraße.

Direkt nach Langschlag von der Kreuzung beim Braunhof über den Hang schräg rechts hinan zum abwechslungsreichen Höhengelände, über das die Markierung Nr. 92 in eine Mulde südöstlich vom Schwarzenberg führt (Abzweigung von Tour 19). Dort geradeaus weiter und zuletzt zum Sportplatz von Langschlag hinab. Über die Zwettl und die Bahn zum Parkplatz beim Bahnhof (Einkehrmöglichkeit in der Konditorei Einfalt) oder vorher rechts an der Kirche vorbei ins Ortszentrum (1 Std.).

Steinbackofen

Langschlag: Zum „Waldviertler Semmering“

Leichte Rundtour durch die abwechslungsreiche Passlandschaft mit der nostalgischen Schmalspurbahn.

Route: Langschlag–Schwarzenberg–Mitterschlag–Bruderndorf–Großer Tunnel und Haltestelle Blockhaus–Bruderndorf–Stierberg–Teufelsmühle–Langschlag; 15,5 km, Seehöhe zwischen 765 m und 920 m.

Gehzeit: ca. 5½ Std. (kürzere Runden mit 3 bis 4½ Std. möglich).

Einkehr: Gasthof in Mitterschlag.

Info: Gemeinde 3921 Langschlag, Tel. 02814/82 18.

Familienwege: Von Mitterschlag zum Dorfmüllerberg, von Bruderndorf zur Schmalspurbahn über den „Waldviertler Semmering“ (romantische Bahnstrecke mit zwei Tunnels über die Europäische Hauptwasserscheide hinweg, zwischen Gmünd und Groß Gerungs 1903 eröffnet, seit 2001 „Sonderbetrieb“, Infofolder bei Gemeindeämtern und Bahnhöfen), Runde auf dem „Steinwanderweg“ von Langschlag (Infofolder u. a. in den Gaststätten), jeweils 1½ bis 2½ Std.

Tour 19

Rundtour zum „Waldviertler Semmering“ (4¾ Std.):
Vom Bahnhof Langschlag über den Zwettlbach und rechts auf der Seitenstraße „**Knoglweg**“ zur Markierung Nr. 92, die über den Höhenrücken Richtung Bruderndorferwald führt (in Gegenrichtung zu Tour 18). Im freien Gelände südöstlich vom Schwarzenberg von dieser rechts abzweigen (ca. 900 m, kleines Eisenkreuz) und an einem schon weithin sichtbaren Granitblock vorbei in den **Schwarzenbergwald**. Auf Forstweg rot markiert (alte Nr. 53) bergab nach Mitterschlag (1½ Std., Gasthof Holzweber).
Variante Dorfmüllerberg (interessanter Steilaufstieg, zusätzlich 20 bis 30 Min.): Vom Forstweg im Schwarzenbergwald links bei Wegweiser „**Höhlwenze**“ auf markierten Steigspuren zu einem breiteren Weg ansteigen, auf diesem links zum eindrucksvollen Felsmassiv mit Gipfelkreuz. Abstieg bequemer auf dem breiteren Weg und zuletzt am Wiesenrand hinunter nach Mitterschlag.
Vom Gasthof in **Mitterschlag** kurz rechts und hinter dem nächsten Gehöft über den freien Höhenrücken mit auffallenden Blockgruppen hinweg (alter Rundwanderweg Nr. 53). Leicht rechts haltend über die Bahn zum **Weitwanderweg Nr. 608** (auf diesem

rechts zurück nach Langschlag in insgesamt 2¾ Std.).

Für den „**Waldviertler Semmering**“ links zur Wegkreuzung unweit von Bruderndorf (hier durch das Dorf direkter Anschluss zum „Steinwanderweg“ am Stierberg für Tour 20) und wieder links auf Asphaltstraße Richtung Bahnhaltestelle. Kurz vor dieser Rastplatz beim „**Wasserscheidenstein**“ (810 m, ¾ Std.). Auf dem folgenden „Kroatenweg“ (rot markiert Nr. 608) über den blockigen Waldhang der Sonnleiten zur Felsgruppe „**Steinerne Bibel**“ (der Papst soll seinerzeit an Martin Luther eine Bibel geschickt haben, die dieser jedoch verwarf, worauf sie versteinert hier liegen blieb). Immer oberhalb der Bahnstrecke, teils auf Waldsteig abseits des Fahrweges, zum Bahnübergang (Abzweigung des Weitwanderweges Nr. 608 Richtung Großpertholz). Dort leitet rechts der Rundwanderweg Nr. 90 weiter und überquert dabei nach scharfem Linksbogen bergab den 262 m langen „**Großen Bruderndorfer Tunnel**“ (Portale abseits des Weges).

Mohnfeld bei Mitterschlag

Im Naturpark Nordwald

Dann zur Bedarfshaltestelle „Blockhaus“ (Fotoplatz, Wassernahmestelle im Dampfbetrieb bei der Bergfahrt). Nun auf Fahrweg ansteigend hinaus nach **Bruderndorf** (777 m, knapp 1½ Std.; auf der Straße 1,5 km zum Weitwanderweg und auf diesem in 1 Std. nach Langschlag).

Tour 20

„Steinwanderweg" Bruderndorf – Langschlag (1½ bis 2 Std.): Am Ortsrand von Bruderndorf rot markiert Nr. 90 gleich links kurz die Straße entlang und auf rechts abzweigendem Fahrweg in eine Hochmulde. Im heideartigen Wald scharf rechts am Stierberg vorbei zu einer Asphaltstraße, die bei einer Birkengruppe (Achtung!) rechts verlassen wird. Nun zwischen Streifenfluren und durch den Wald zur Felsformation der „Teufelsmühle“ (von hier an lohnende Variante auf dem bezeichneten „Steinwanderweg“ über Schmerbach nach Langschlag – eindrucksvolle Blockgruppen, aber zuletzt Asphaltstrecken). Mit Linksbogen im finsteren Höllgraben den Elexenbach übersetzen und hinauf zum Fahrweg, auf dem kurz rechts der Weitwanderweg Nr. 608 erreicht wird. Links zum Bergrand und bergab nach Langschlag zur Konditorei beim Bahnhof.

Bad Großpertholz: Naturpark Nordwald und Karlstift

Rundwanderung im Freiwald und an dessen reizvollen Randgebieten.

Route: Großpertholz–Naturpark–Reichenau–Binderhof–Karlstift–„Artnerstraßl"–Reichenau–Eckerasch–Großpertholz; 20 km, Seehöhe zwischen 700 m und 1000 m.

Gehzeit: insgesamt 5 ¾ Std.

Einkehr: Gasthöfe in Karlstift.

Info: Gemeinde 3972 Bad Großpertholz, Tel. 02857/22 53.

Familienwege: Rundwege durch den Naturpark Nordwald – in Großpertholz 2½ Std. bzw. in Karlstift 1 bis 2 Std.

Tour 21

Von Großpertholz nach Karlstift (3¼ Std.):

Im Ortsgebiet von Großpertholz (714 m) zur oberen Straßenkreuzung, links abzweigen und Richtung Scheiben bis zum Haus Nr. 29. Dort rechts in den Naturpark Nordwald und vom rot markierten Weg Nr. 83 links abzweigend hinauf in das teilweise aufgeforstete Heidegelände mit dem „Bettelweibstein". Ein Karrenweg führt weiter zu den Kitzlerhäusern, wo man gleich rechts durch den Hochwald zum Aussichtsturm ansteigt (830 m). Auf dem gegenüber bergab führenden Steig Richtung Parkplatz Scheiben bis zu einem Querweg. Diesem rechts mit Nr. 81 ziemlich eben folgend zu einer Lichtung auf der Berghöhe mit Wegkreuzung und links haltend durch den Wald hinab nach **Reichenau am Freiwald** (1½ Std.).

Variante „Naturpark-Runde": Weiterweg auf der Straße Richtung Scheiben zu einem der rechts abzweigenden Naturparkwege oder ebenfalls rechts abzweigend auf Weg Nr. 81 und über Eckerasch zurück nach Scheiben oder Großpertholz.

Auf Asphalt im Bogen nach rechts hinauf zur Kapelle in Reichenau (852 m). Dort schräg links einen Fahrweg hinauf und auf unmarkierter Forststraße über die Waldhöhe zur Reichenauerwald-Straße beim **Laisterhof**. Diese rechts entlang, bald wieder ohne Asphalt ins Waldgelände mit Queren des Kuckucksbaches. Kurz danach auf undeutlichem Waldsteig rechts abzweigen (Rundwanderweg Nr. 87) und steil hinauf, dann im Rechtsbogen (Markierung kaum vorhanden) zum **Binderhof** (höchst gelegener Bauernhof des Waldviertels auf 1000 m Seehöhe, Aussicht zur Brockenwarte bei Liebenau, Rastbank unterhalb bei der Kapelle). Zum Weiterweg nach Karlstift geht man hinunter zur Straße und rechts entlang der roten Markierung des Weitwanderweges Nr. 605 in die an den Binderberg anschließenden Wälder. Zuletzt stärker bergab zur Einmündung in das „Artnerstraßl" und zur Straßenkreuzung in Karlstift (906 m, 1 ¾ Std., Gasthöfe in der Ortschaft).

Naturpark-Varianten in Karlstift (als Glashütte und Holzfällersiedlung im 18. Jh. gegründet; Wanderungen überwiegend im Waldgelände): Von der Bundesstraße Richtung Groß Gerungs am Waldrand abzweigen, auf der Naturparkzufahrt (0,5 km) und

In Großpertholz

Stierhübelteich

auf dem „Parkplatzweg Nr. 1" (oder beim Sportplatz abzweigender Zugang zum „Teichweg Nr. 6" und auf diesem links weiter, stellenweise feucht!) zum **Stierhübelteich** mit Spiel- und Badeplatz, Holzlehrschau u. a. Am Weiterweg nach dem Damm links abzweigend führt eine Waldstraße zu dem von dichtem Krummholz bedeckten **Hochmoor „Große Heide"** (Aussichtsturm, eine weitere ¾ Std.). Zum Rückweg nach dem Damm kurz rechts und dann links auf dem „Hinterbrühlweg Nr. 5" (bei den nächsten Verzweigungen rechts halten) nach Karlstift als Rundwanderung in ca. 1½ Std.

Tour 22

Rückweg von Karlstift (2¾ Std.):

Bei der Straßenkreuzung neben dem Trafo abzweigend zum **„Artnerstraßl"** (nicht asphaltierte Waldstraße, Weg Nr. 87), das stets durch ausgedehnte Waldgebiete und nur anfangs leicht bergauf zu den Lichtungen von **Hinter-Reichenauerwald** führt. Dort auf Asphalt weiter und bei der Kreuzung nach den Kapellerhäusern rechts nach Reichenau am Freiwald (1 ¼ Std.). Der Rückweg nach Großpertholz erfolgt wie bei der **Variante „Naturpark-Runde"** in ca. 1½ Std.

Moorbad Harbach – Harmanschlag: Über den Nebelstein

Zweifache Überschreitung des als Weitwander-Zentrum bekanntesten Waldviertler Gipfels; empfehlenswert in einzelnen Rundtouren von Harmanschlag (Tour 25 und 24) oder Harbach (Tour 23 und 26).

Route: Harbach / Maißen–Sagberg–Nebelstein–Althütten–Harmanschlag–Rörndlwies–Nebelstein–Waldhäuser oder Maißen / Harbach; 15 km, Seehöhe zwischen 700 m und 1017 m.

Gehzeit: insgesamt 4¾ Std. (vom Kurhaus zusätzlich 1½ Std.), Rundtour von einem der beiden Talorte jeweils ca. 3 Std.

Einkehr: Nebelsteinhütte, Gasthof in Harmanschlag.

Info: Gemeinde 3970 Moorbad Harbach Tel. 02858/52 14, Harmanschlag (s. S. 59).

Familienwege: Zu den Gipfelfelsen auf dem Nebelstein (vom Parkplatz ½ Std.)

Tour 23

Aufstieg von Moorbad Harbach (1½ Std.):

Zur Vermeidung längerer Straßenstücke von der Waldpension Nebelstein in **Maißen** (720 m, Zugang vom Moorbad Harbach 2 km über Gasthof Holzmühle und Weitwanderweg) entlang der Weitwander-Markierung Nr. 608 + 608 teilweise stark steigend zur Kapelle am **Sagberg**. Bald danach auf Forststraße die sumpfige Mulde der Filzwiese entlang und rechts haltend zur Abzweigung des markierten Steiges auf den steilen Gipfelkegel. Zuletzt durch Hochwald mit Granitblöcken zur **Nebelstein-**

Ausblick ins „Gratznerland"

hütte (1017 m, 1½ Std., Hüttenbewirtschaftung Ostern bis Allerheiligen) und über die Steiganlage auf den Gipfelfelsen mit Kreuz und hervorragender Aussicht– vom Böhmerwald über die Grenzgipfel bis zur Vysoka und ins Gratzener Becken, im Tal unten Hirschenwies und Lauterbach, weiter nördlich Harbach und der Mandlstein.

Tour 24

Vom Nebelstein nach Harmanschlag (1¼ Std.):
Abstieg auf dem Fahrweg zum Sattel beim **Weitwanderweg-Denkmal** (957 m, rechts Rückweg nach Harbach abzweigend, kleine Runde mit 2 bis 2½ Std. je nach Ausgangspunkt). Übergang nach Harmanschlag auf der Straße kurz links, dann entlang der Weitwander-Markierung Nr. 605 + 608 rechts hinab zu den Himmelreichwiesen (interessantes Biotop kurz vor der Nebelsteinstraße – ein kleines Hangmoor mit Heidekrautpölstern und Birken). Auf der Straße weiter bergab bis zu den Häusern von **Althütten**, wo der markierte Wanderweg rechts abzweigt. Mit Ausblick über das oberste Lainsitztal zum Waldrand und durch teilweise blockreiche Misch- und Nadelwälder weiter. Man geht hier ein Stück leicht rechts hinab auf Weg Nr. 72 und auf der Forststraße bis zum ersten Haus oberhalb von Friedental. Hier von der Weitwander-Mar-

Nebelsteinhütte

kierung abzweigend links auf einen Waldweg (Wegweiser „Arra-Marterl"), der über eine idyllische Lichtung mit Heideböden zum Rastplatz bei der Waldkapelle führt. Nun weiter bergab nach **Harmanschlag** (740 m, 1¼ Std., Einkehrmöglichkeit im „Arra-Hof", Montag Ruhetag).

Tour 25

Von Harmanschlag auf den Nebelstein (1½ Std.):
Als Einzeltour oder für die „Doppel-Überschreitung" des Nebelsteins geht man in Harmanschlag auf der Ortsstraße bergwärts bis zur nächsten Kurve und zweigt hier links in die Sackgasse ab (einfacher, aber weniger interessant rechts auf der Straße weiter Richtung **Rörndlwies** und auf Weg Nr. 70 links zum Weiterweg). Der Weg Nr. 76 erreicht oberhalb die Nebelsteinstraße, auf der man rechts bis zum Haus Nr. 57 geht. Dort zweigt ein rot markierter Waldweg ab, und zuletzt von einer Forststraße absteigend, kommt man zur Route Richtung Nebelstein. Links auf Weg Nr. 70 in einen ausgedehnten Rotbuchenwald und zur Waldstraße mit der Markierung Nr. 620. Auf dieser in weitem Bogen über den **Zeiler Berg** hinauf und schließlich im flachen Plateauwald zur Wegkreuzung am Fuß des Gipfelkegels. Nun wie bei Tour 23 zur **Nebelsteinhütte** und wie bei Tour 24 Abstieg nach Harmanschlag.

Tour 26

Vom Nebelstein nach Harbach (1½ bis 2 Std.):

Für den Abstieg Richtung Harbach geht man von Harmanschlag kommend gleich auf der Straße weiter zum Sattel beim **Weitwanderweg-Denkmal** (1½ bis 2 Std. von Harmanschlag, vom Gipfel ¼ Std.). Weiter auf der beim Schranken der Hüttenzufahrt schräg in den Wald abzweigende Markierung Nr. 10. Diese führt bald bergab, mehrmals Forststraßen querend, zu den malerischen Lichtungen oberhalb von **Hirschenwies** (vor dem ersten Haus auch hier ein Feucht- und Heidebiotop wie jenseits des Berges vor Althütten). Nun auf der Asphaltstraße geradeaus bergab. Kurz unterhalb der Kreuzung (809 m, links Weg Nr. 11 nach Hirschenwies) findet man rechts die Abzweigung des auf der Loipentrasse angelegten Verbindungsweges (Nr. V 10 – 12) zum Ausgangspunkt bei der **Waldpension Nebelstein** (ca. ¾ Std.). Zurück zum Moorbad Harbach aber auf dem asphaltierten Güterweg weiter bergab, auf der Straße bei Waldhäuser kurz rechts und auf dem links abzweigenden Höhbergweg hinaus in den flachen „Graben" mit dem **Gasthof Holzmühle** und zum Kurhaus hinauf (1½ Std.).

Im Hochtal von Harbach

Weitra – Großschönau: Johannesberg und „Steinerne Stuben“

Weitläufige Rundwanderung durch das Hügel- und Berggelände zwischen Weitra und Großschönau.

Route: Weitra–Gabrielental–St. Wolfgang–Sulz–Walterschlag–Johannesberg–„Steinerne Stuben“–Oberwindhag–St. Wolfgang–Weitra; 25 km, Seehöhe zwischen 550 m und 839 m.

Gehzeit: 7¼ Std. (kürzere Runde von St. Wolfgang aus in 3½ Std.); Variante von Großschönau in 3¼ Std.

Einkehr: Gasthaus in St. Wolfgang.

Info: Gästeinformation 3970 Weitra, Tel 02856/2998, Tourismusbüro 3922 Großschönau, Tel. 02815/7003.

Familienwege: Von Weitra ins Gabrielental, von Harmannstein auf den Johannesberg, jeweils 1½ bis 2 Std.; Wünschelrutenweg in Großschönau bis 2½ Std.

Tour 27

Von Weitra auf den Johannesberg (3¾ Std.):

In Weitra vom Rathausplatz geradeaus weiter und hinab ins Lainsitztal, dort neben der Bürgerspitalkirche in das **Gabrielental**. Man hält sich links und geht auf dem Promenadenweg durch den bereits im 19. Jh. ausgestalteten Naturpark bis nach **Schützenberg** (570 m, unter der Straßenbrücke). Dort auf der alten Straße über die Lainsitz und gleich links auf dem Güterweg „Schöllbüchl“ weiter. Bald nach der nächsten Lainsitzbrücke in Langfeld links auf Fahrweg hinauf zur Bahnhaltestelle. Danach rechts zur Straße Richtung St. Wolfgang und auf dieser ca. 1 km zur Abzweigung des Güterweges **„St. Wolfgang“** (1½ Std.; von St. Wolfgang für die kürzere Runde Straßenzugang Richtung Weitra).

Kurz danach rechts halten und die Talmulde entlang zur Einmündung des Weges von

Schöllbüchl. Hier links rot markiert im Wald bergan und links hinaus ins freie Gelände. Am Waldrand der „Hinterleiten“ entlang und zuletzt auf Asphalt nach **Sulz**. Unterhalb der Kapelle links und auf dem Weitwanderweg Nr. 606 + 620 weiter nach **Walterschlag**. Durch den Ort und auf der Straße links bis zur Anhöhe, wo rechts der markierte Steig zur Bergkirche auf dem **Johannesberg** führt (839 m, 2¼ Std.; Kuenringerburg von 1162, Kirchenbau 1381).

Bei St. Wolfgang

Tour 28

Rückweg über die „Steinerne Stuben“ (3½ Std. bis Weitra, abkürzend 2½ Std.):

Abstieg über den gegen **Harmannstein** (ursprünglich „Hadmarstein“) ziehenden Rücken bis zum Straßensattel, kurz links, dann rechts abzweigend auf zunächst asphaltiertem Güterweg weiter. Es folgt links die Abzweigung eines markierten Waldweges Richtung Oberwindhag (abkürzender Rückweg). Hier bleibt man auf der Forststraße und geht rechts über die Anhöhe hinweg bis zur Biegung bei der Wünschelrutenweg-Station Nr. 21. Nun Achtung – hier links auf einem Karrenweg zur nächsten Forststraße und dort geradeaus weiter über den Gmoaberg. Bei Einmündung

Bildstock am Johannesberg

in die asphaltierte Waldstraße im **Kaltenbrunntal** (MTB-Strecke „Stierberg") wichtige Wegteilung! Rechts kurz bergab Richtung Großschönau und gleich wieder links auf stark steigender Forststraße zur Anhöhe mit der Rasthütte (geradeaus zum mystischen Punkt „Frauhaus"). Hier links hinauf zum Berggipfel mit den gigantischen Blockformationen der „**Großen Steinernen Stube**" (786 m, ca. 1¼ Std., Infotafeln des Wünschelrutenweges).

Man hält sich nun genau nach den roten Markierungstafeln mit Nr. 24 und steigt leicht links (südwestlich) an einer Steingruppe mit Blockdurchgang vorbei zur „Kleinen Steinernen Stube" ab. Dann steil weiter hinab und zur Sattelhöhe der asphaltierten Waldstraße. Auf dieser rechts bergab nach **Oberwindhag** und beliebig auf der Straßenzufahrt oder links aus dem Dorf heraus und über Resselhof ebenfalls auf Asphalt nach **St. Wolfgang** (ca. 1 Std., Gasthof Haubner; spätgotische Hallenkirche von 1407).

Oberhalb der Kirche auf Güterweg in den Stockinger Wald und rot markiert zum idyllischen Winkelteich. Von der Forststraße gleich rechts abzweigend zum **Hausschacherteich** (Strandbad und Restaurant, Golfplatz). Durch den Veitsgraben mit einer Lindenallee und dem Bahnviadukt zurück nach Weitra, zuletzt rechts hinauf zum Stadttor (1¼ Std.).

Tour 29

Variante von Großschönau (3¼ Std., teilweise auf dem Wünschelrutenweg):

Von der Pfarrkirche die Straße Richtung Harmannstein entlang und rechts durch die Seitengasse zu einer asphaltierten Waldstraße (MTB-Strecke „Stierberg“). Nach dem „Steinkreuz“ links abzweigender Forstweg (Weitwanderweg Nr. 620 + 606) hinab in das Spiegelbachtal, gegenüber auf Waldsteig und markiertem Fahrweg, zuletzt auf Asphalt zwischen den Streifenfluren der „Sonnleiten“ zum Straßensattel unweit von Harmannstein. Gleich gegenüber weiter zur **Johannesbergkirche** (ca. 1¼ Std.). Zurück zum Straßensattel und wie bei Tour 28 bis zur asphaltierten Waldstraße im **Kaltenbrunntal**. Hier aber links Richtung Oberwindhag bis zur Anhöhe, wo der rot markierte Weg Nr. 24 rechts abzweigt und die „Kleine Steinerne Stube“ erreicht. Davor links haltend und den Rücken hinan, an den „Durchgangsblöcken“ vorbei, zur noch eindrucksvolleren „**Großen Steinernen Stube**“ (1¼ Std.). Abstieg rechts haltend auf steilem Waldsteig und anschließendem Karrenweg zur Rasthütte. Hier auf der rechten Forststraße weiter, kurz danach links abzweigend durch die Wälder bergab und zuletzt auf Asphalt nach Großschönau (¾ Std.).

„Blumendorf“ Heinrichs

Weitra: Mandlstein von Heinrichs

Das „Grenzlanddorf" Heinrichs bietet mit seinem Erlebnisweg als Rundtour über den Mandlstein einen Höhepunkt für das Wandererlebnis Waldviertel.

Route: Heinrichs–Kudelring–Hut–Mandlstein–Göllitz–Heinrichs; 12 km, Seehöhe zwischen 560 m und 874 m.

Gehzeit: insgesamt 4 bis 5 Std.

Einkehr: Gasthof in Heinrichs.

Info: Erlebnisweg-Führer, erhältlich im Gasthof in Heinrichs.

Familienwege: Vom Parkplatz der Mandlsteinstraße (zwischen Heinrichs und Harbach) auf den Gipfel und rund um die Mandlstein-Felsen (1 Std.), von Heinrichs durch das „Reich der Schalenstein" (¾ Std.).

Tour 30

„Heinrich´ser Erlebnisweg" über den Mandlstein (in der beschriebenen Richtung rot markiert):

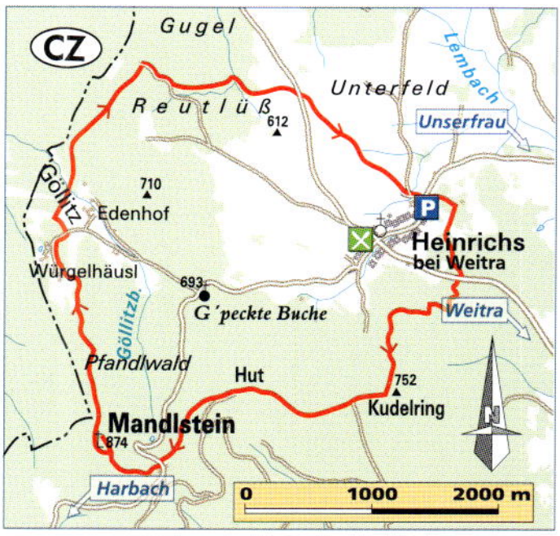

Zufahrt – von Weitra Richtung Pyhrabruck über Schagges oder aus Richtung Gmünd bei Unserfrau-Altweitra abzweigend über Ober-Lembach, vom Moorbad Harbach über die Mandlsteinstraße.

In Heinrichs gegenüber dem Friedhof (560 m) von der Straße abzweigen und bald vom Hauptweg gelb-blau markiert links zum **„Reich der Schalensteine"**. Weiter über eine Anhöhe mit bemerkenswerten Blockbildungen in die Feuchtmulde „Kühberger See" und links wendend zur Straßenquerung.

Oberhalb der Schaggeser Straße beim **„Schillingstein"** wieder durch einen Hochwald mit zahlreichen Felsbildungen. Der Markierung nach weiter zur Einmündung des Weitwanderweges Nr. 607A und zum **Kudelring** mit einer lang gestreckten Blockklippe in typischer Wollsackverwitterung (752 m). Nach dem Sender folgt der kuriose **„Doppelwackelstein"** (links bei der Farb-

markierung bewegen, dann beginnt das ganze Felsgebilde zu wackeln!). Im Bergwald an weiteren Schalensteinen vorbei und leicht bergab zum Schanzgraben (Forststraße zwischen Reinprechts und Heinrichs).

Gegenüber ansteigend und rechts auf Steig um den Schinderberg herum (Dachüberhang und häufiger Farnbewuchs). Durch ein Blockfeld zur „Mausefalle" und zu einer Felsmauer mit Vermessungszeichen (838 m, Ausblick gegen Pyhrabruck – Grenzübergang nach Gratzen). Die „Liebeslaube" liegt bereits in urwaldartigem Gelände, über dem die Hohe Steinwand eine Idealsicht auf Heinrichs bietet! Gleich auf den Klippen weiter zur Wegfortsetzung mit dem **Hut** und einem luftigen Hochsitz in seiner Halbschale.

Weiter an den auffallend dünnschichtigen Blockplatten der „Sonnensteine" und und den „Schalensteinen" vorbei zum **Sattel an der Mandlsteinstraße** mit der Rasthütte (840 m, 1½ bis 2 Std., Einmündung des Weges Nr. 4 von Weitra).

Entlang der Blaupunkt-Markierung des Nordwald-Kammweges hinauf zum Mandlstein (874 m, 10 Min.), dem Treffpunkt der Heimatvertriebenen. Beim Gipfelkreuz Brücke zur Felskanzel mit Blick über das „Gratzenerland" und zu den Gipfeln bei Brünnl und Heilbrunn (Tour 36 und 37).

Vom Gipfel kommend beim Festplatz mit Kapelle rechts auf dem markierten Weg zum „Mandlsteintor". Dann erfolgt, vom Gipfelrundweg abzweigend, der Abstieg am Grenzrücken zum „Diabsweg" und später hinaus in freies Gelände. Nach dem „Würgelhäusl" kurz auf dem Asphaltweg weiter zum Feldrand bei **Göllitz** mit auffallenden Steinschlichtungen („Lesesteine" aus den hier einst angelegten Feldern). Beim „Steinquader" rechts in etwas verwirrender Wegführung weiter, zuletzt nahe dem Edenhof zum Damm in der Göllitzbachmulde.

Vom Fahrweg links abzweigend über Heideböden zum Grenzstein und bergab in dichte Wälder zum „**Piberschlägerwehr**" mit Abzweigung des Weitwanderweges (600 m, 1 ¼ Std.). Bei der folgenden Wegteilung geradeaus zu einem verblockten Bach und bei der „Loimersgrabenmünde" aus dem sumpfigen Gelände durch das „**Hölltor**" hinaus zum Wiesenrand mit letzten, von den Feldern entfernten Blöcken. Nun leitet ein Ackerfahrweg zur Pyhrabrucker Straße, und geradeaus geht es auf einem Feldweg weiter durch die weitläufige Mulde wieder zum Ausgangspunkt (1 ¾ Std.).

Karlstift: Buchers / Pohoří na Šumavě und Kamenec

Rundtour auf der „Schmuggler-Trasse", von der Grenze bei Stadlberg über den ehemaligen Marktort Buchers auf den höchsten Berg des „Gratzenerlandes".

Route: Bucherser Kapelle in Stadlberg–Buchers–Kamenec / Steinberg–„Dreiländer-Grenzsäule" in Sance / Schanz–Stadlberg; 11 km, Seehöhe zwischen 905 m und 1072 m.

Gehzeit: 3½ bis 4 Std.

Einkehr: Keine Möglichkeit.

Info: Gemeinde 3972 Bad Großpertholz, Tel. 02857/2253.

Familienwege: Von Buchers zur ehemaligen Glashütte Paulina, Rundgang von der Bucherser Kapelle über Nordwald-Kammweg und Stadlberg-Güterweg (MTB-Eichelbergstrecke), von dessen Ende zur „Dreiländer-Grenzsäule" auf der Schanz; jeweils ca. 1½ Std.

Tour 31

„Schmuggler-Trasse" von der Bucherser Kapelle (4 Std.):
Zufahrt von Karlstift Richtung Sandl und rechts abzweigend nach **Stadlberg** (Parkmöglichkeit bei der 1984 erbauten Kapelle, darin historische Info und Bilder). An Informationstafel vorbei über die Grenze und auf der öffentlich befahrbaren Sandstraße leicht bergab, zuletzt asphaltiert hinein nach **Buchers** (918 m, 20 bis 30 Min.).

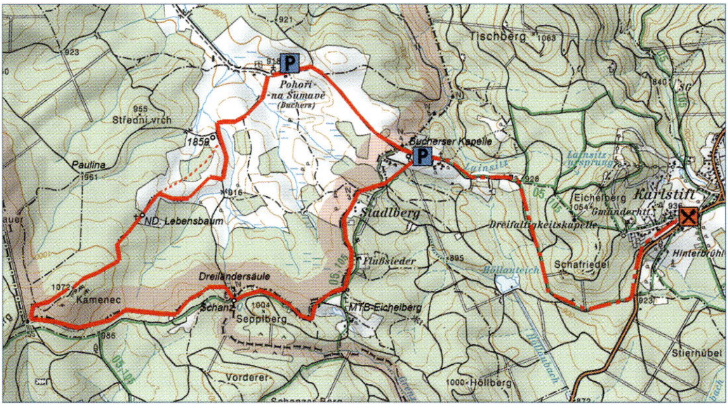

Bucherser Kapelle

Buchers / Pohoří na Šumavě: An den 1788 bei einer Glashütte gegründeten Markt erinnern nur mehr die 1896 gepflanzten Alleebäume, der alte Friedhof, die in den letzten Jahren wieder teilweise instandgesetzte Kirche (einst Wallfahrtsort) und der Gedenkstein „Nie wieder Krieg!“ von 1919 vor der einstigen Volksschule. Im 19. Jh. hatte der Ort 120 Häuser mit ca. 1000 „teutschen“ Einwohnern (ebenso noch 1921). Vertreibung der Bewohner 1946/48 und Verfall des Ortes, ab 1970 im militärischen Sperrgebiet. Seit dem Fall des „Eisernen Vorhangs“ Neubau einiger Landhäuser und touristisches Wegenetz. Auf Asphaltstraße talabwärts 2,5 km zum „Bucherser Teich“ mit Badeplatz beim Damm.
Am Ortsende gegenüber der Kirche auf Fahrweg (Radroute Nr. 1193) hinab in die Talmulde und über einen Hügel mit alter Baumallee zu sumpfigen Naturschutzflächen am Bucherser Bach. Bei der folgenden Kreuzung mit Steinsäule von 1859 links weiter (rechts Abzweigung der Radroute zum ehemaligen Dorf Paulina, Glashütte 1780 bis 1852, 1930 noch 7 Häuser mit 85 Einwohnern). Aber kurz danach, von der Forststraße (Richtung Schanz) rechts abzweigend, grün markiert eine Baumreihe entlang (in den Karten ungenau eingezeichnet). Durch ein Waldstück links haltend zu einer Wiesenfläche, an deren Ende das **Naturdenkmal „Lebensbaum“** (soll zu den höchsten dieser Art in Tschechien

„Grenzsäule"

Bildstock

gehören, rechts im Wald Steinmauern einer verschollenen Ansiedlung), kurz danach rechts dreistufiger Bildstock von 1871. Im Wald danach rechts leicht bergan zum Umkehrplatz einer neuen Forst-Autobahn. Hier links auf teilweise feuchtem Ziehweg weiter und bald der grünen Markierung nach neben einem Jungforst bergwärts. Von einer Lichtung im Hochwald führt der Steig neben hohen Blockmassiven hinauf zum „Felstor" am Gipfel des **Kamenec/Steinberg** (1072 m, 1¼ Std., danach Markierungstafel, am Gipfelblock eigenartige „Waldgeist-Figur").
Abstieg den Bergrücken entlang nach der grünen, bis zur Grenze führenden Markierung, daneben Blockschlichtungen als Reste der Ansiedlung „**Steindörfl**" (1841/62 vier Häuser). Hier erfolgt der Wechsel auf den nur durch die Grenzsteine bezeichneten, aber gut ausgetretenen Weg, der links verfolgt wird (südlich davon auf österreichischem Gebiet ein Forstweg, der links bald in den Nordwald-Kammweg Nr. 105 mit Blaupunkt Markierung mündet). Am besten geht man, sobald der Grenzstein III/55/3 erreicht ist, auf diesem reizvollen „**Grenzweg**" weiter.
Das ehemalige Dorf Schanz: Nach dem Grenzstein III/56/6 fallen Hausratsreste auf – bis nach dem 2. Weltkrieg war hier eine mit verstreuten Bauernhöfen besiedelte Wiesenlandschaft! 1684 „Zur Alt-Schanz" an der Straße von Weitra nach Freistadt, um 1850

mit 20 Häusern, Gasthaus „Auf der Schanz“ 1935 mit Kegelbahn und Tabaktrafik (bis 1943). In der Nachkriegszeit wurde der Ort entsiedelt und aufgelassen.
Am teilweise von einem Steinwall begleiteten „Grenzweg“ wird eine feuchte Mulde rechts umgangen, dann mündet von links ein Weg ein (Forststraße Richtung Buchers). Beim Grenzstein III/57/6 geht man jedoch rechts zur Nordwald-Kammweg-Markierung (dreifach Blaupunkt) bei einer Zollhütte und erreicht links die barocke **„Dreiländer-Grenzsäule“** (970 m, ca. 1 Std.; errichtet 1661, renoviert 1987 mit Wappen von Böhmen, Ober- und Niederösterreich; Rastplatz, Wegweiser und Infotafel, großer Grenzstein von 1920). Weiter entlang der Blaupunkt-Markierung auf Waldsteig zum 2005 errichteten Trinkbrunnen, dann auf dem Karrenweg der **„Alten Straße“** (Bildstock mit Hinterglasbild, alter Meilenstein!). Bei der folgenden Wegkreuzung links hinaus ins freie Gelände und am Waldrand entlang. Bei der Waldecke nach einem neueren Wohnhaus wendet sich die Markierung links ab (Wegweiser) und führt entlang der Grenze weiter. Dabei kommt man zum Rastplatz „Antonius-Quelle“ und dem Stadlberger Vereinsstadel, rechts davon verläuft ein asphaltierter Güterweg (am Haus Flußsieder vorbei, mit MTB-Eichelbergstrecke). Beide Wege erreichen wieder die **Bucherser Kapelle** (ca. 1 Std.).

Ehemalige Pfarrkirche Buchers

Harmanschlag – Karlstift: Zwischen Lainsitzquelle und Žofín / Sophienschloss

Weitgehend unbekanntes Wandergebiet beiderseits der Grenze, vielfach Forststraßen und Radtrassen, aber völlig abgeschiedene und urige Waldlandschaft; dazu weitere Wandervorschläge.

Route: Joachimstal–oberstes Lainsitztal (Lužnice)–Pohoří na Šumavě / Buchers–Lainsitzquelle–Karlstift–Einsiedelbach–Joachimstal; 19 km, Seehöhe zwischen 730 und 921 m.

Gehzeit: ca. 5 Std.

Einkehr: In Karlstift.

Info Harmanschlag: Marktgemeinde 3971 St. Martin, Tel. 02857/2262.

Familienwege: In Karlstift rund um den Aichelberg mit Lainsitz-Ursprung und Dreifaltigkeitskapelle (Wege Nr. 105 + 4 + 7, ca. 1½ Std.). Von Joachimstal / Forsthaus über die Grenze zum ehemaligen Dorf Silberberg und beliebig entlang der Lainsitz (siehe Tour 32, 1 bis 2 Std.).

Tour 32

Rundwanderung über Joachimstal, Buchers und Karlstift (ca. 5½ Std.):
Zufahrt nach **Joachimstal** von der Harmanschlager Straße in Angelbach abzweigend bis zum Forsthaus (beschränkte Parkmöglichkeit, Infotafel „Spurensuche im Lainsitztal"). Anschließend auf Sandstraße links bergab zu Umkehrplatz (ebenso Infotafel) und auf Steinbrücke über die Grenze zu Tschechien (Seitenbach der Lainsitz, Zusammenfluss links abseits im dicht verwachsenen Riedgelände). Ein schmaler Steig führt weiter zu einer Infotafel an der Wegkreuzung beim ehemaligen Dorf **Stříbrné Hutě / Silberberg** (Name von Silberbergbau, Glashütte 1782 bis 1881; rechts Abzweigung zu Tour 34 und 35). Hier links weiter zu Unterstandhütte (Infotafeln, Fundstücke von Glasresten, wie sie auch noch im Bachbett zu finden sein sollen). Die Forststraße mit Radroute Nr. 1193 führt nun an der obersten **Lužnice / Lainsitz** in ein mäßig ansteigendes Engtal mit verblocktem Bachlauf und urigem Waldbestand hinein und erreicht nahe der Grenzlinie bei Christinaberg eine Kreuzung. Geradeaus weiter folgt der Standort der ehemaligen Glashütte **Janový hutě / Johannesthal** (1777 bis 1835, Sied-

lung nach 1945 verfallen). Bei der nächsten Kreuzung leicht links abbiegen und weiter bis zur rechts nach **Pohoří na Šumavě / Buchers** führenden Straße (ca. 1½ Std., siehe auch Tour 31).
Weiter geht es auf der bald schottrigen Straße zurück und weiter hinauf zur Grenze und der danach folgenden **Bucherser Kapelle**. Die Wiesen von **Stadlberg** auf der Asphaltstraße entlang bis zu deren Rechtswendung, hier auf dem Weitwanderweg Nr. 105 geradeaus weiter. Links abzweigend kann auf Seitenweg der **Lainsitz-Ursprung** erreicht werden, von dort zurück und auf dem Nordwald-Kammweg-105 an der **Dreifaltigkeitskapelle** vorbei (erinnert an die Rettung eines Fuhrmannes vor einem Wolfsrudel

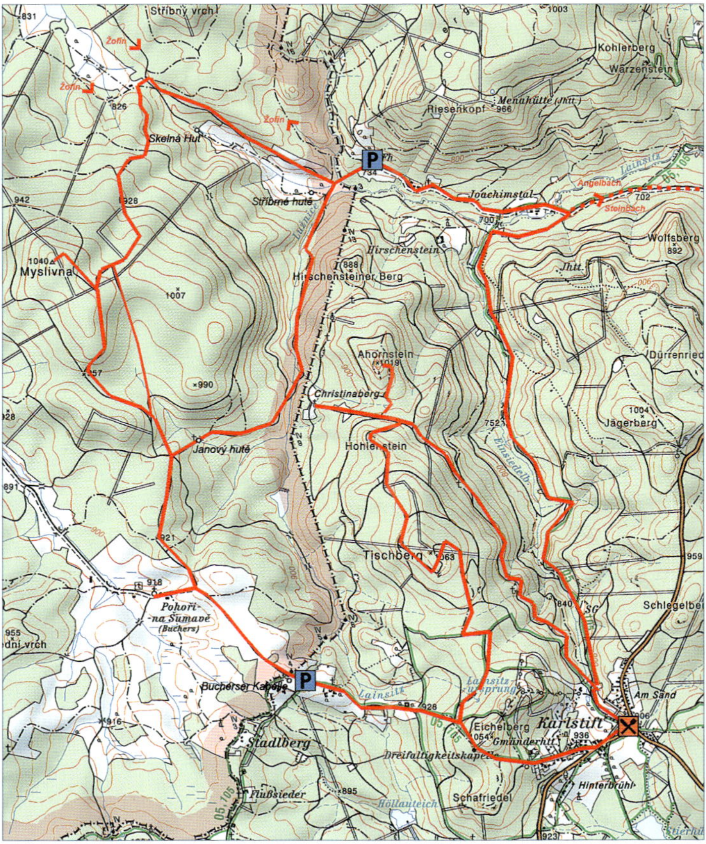

vor mehr als 200 Jahren) nach **Karlstift**. Dort links abzweigend zur Talstation der Aichelberg-Lifte (900 m, ca. 1½ Std.).
Der Rückweg zum Ausgangspunkt erfolgt bergab auf der Forststraße durch das Waldtal des Einsiedelbaches (Weitwanderweg Nr. 105 und MTB-Nordwaldstrecke). Zuletzt führt die Markierung nicht geradeaus über die Lainsitz (700 m), sondern rechts zur Straße, und bis nach **Joachimstal** ist auf dieser links noch ein Asphaltmarsch von 2 km notwendig, zuletzt durch eine Allee zum Forsthaus (1¾ Std.).

„Grenzbrückerl" bei Silberberg

Tour 33

Karlstifter „Tausendertour" mit Christinaberg
(4 bis 5 Std., Orientierungswanderung, nur mit lokaler Wanderkarte Karlstift empfehlenswert; Karte Seite 60):

Rechts von der Gaststätte an der **Aichelberg-Lift-Talstation** auf der Forststraße mit Rundweg Nr. 86 bis zur Verzweigung, hier rechts und dann immer links haltend die Waldhänge entlang. Die Sandstraße wendet sich schließlich über einen breiten Sattel (mehrere Abzweigungen) nach Westen hinab zur Grenze in **Christinaberg** (Bildstock, Ansiedlung von 1793, im Frühjahr Krokusblüte!). Zurück zur Lichtung am Sattel und links zum mit hohen Felsen aufragenden **Ahornstein** (1019 m, von der Ostseite ersteigbar). Zurück zum Sattel und kurz Richtung Karlstift, wo rechts eine Forststraße über den Hohlenstein abzweigt. Diese führt zurück zum Rundweg Nr. 86, dabei kann aber links aufwärts (kleiner Steinbruch oder Sandgrube) in einer Schleife der **Tischberg** (1063 m, höchster Gipfel des Waldviertels) überschritten werden.

Achtung – die Wandervorschläge für die beiden folgenden Touren müssen als „Abenteuerwanderung" gelten, da die Routen vom Autor nur in Teilstrecken begangen werden konnten!

Tour 34

„Gipfeltrasse" über die Myslivna (ca. 4 Std., Karte Seite 60):
Wie bei Tour 32 von **Joachimstal** über die Grenze zur Infotafel an der Wegkreuzung, hier leicht rechts auf der Forststraße (Radtrasse Nr. 1193) das breite Wiesental entlang, wo sich im Talschluss die Glashütte **Skelná Hut'/Bonaventura** befand (1794 bis 1881, noch 1930 mit 56 „deutschen" Einwohnern in 10 Häusern). Am rechten Hang zu einem Waldsattel hinan (mehrfache Wegkreuzung, siehe auch Tour 35). Nun geht es entschieden links immer bergwärts weiter, über einige Forststraßen-Kreuzungen hinweg, bis in den Gipfelbereich. Zuletzt rechts ins Natura 2000-Gebiet und

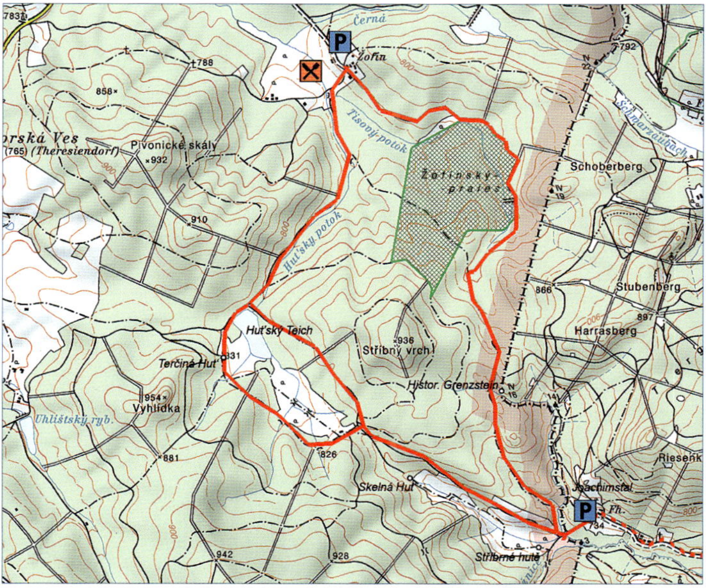

zum Gipfelblock der Myslivna (1040 m). Ein Stück denselben Weg zurück, dann rechts auf einem Forstweg den Bergrücken entlang (oder einfacher der asphaltierten Forststraße in südöstlicher Richtung folgend) in den Waldkessel nahe **Janový hutě / Johannesthal.** Bei den Kreuzungen links haltend kommt man zu dieser ehemaligen Ansiedlung (siehe Tour 32) und geht entlang der Radtrasse Nr. 1193 auf der Forststraße durch das oberste Lainsitztal hinab zum Grenzübergang bei **Stříbrné Hutě / Silberberg** und zurück nach Joachimstal.

Tour 35

Rundtour über Urwald „Žofínský prales" – Žofín – Terčiná Hut (ca. 3½ Std., Karte Seite 62):

Von **Joachimstal** wie bei Tour 32 über die Grenze, von der Infotafel an der Wegkreuzung kurz rechts und gleich wieder rechts abzweigend (auf dem linken Weg) ein Seitental hinan. Kurz nach Einmündung einer Forststraße von links wird der Grenzbach gequert (rechts Grenzstein IV/16 und historische Grenzmarke von 1754). Die Forststraße führt nordwärts immer noch in Grenznähe in ein Waldtal hinab und bei einem kleinen Teich das Urwaldreservat **„Žofínský prales" / „Sophienurwald"** entlang (seit 1838, umzäuntes Schutzgebiet auf ca. 100 Hektar). Am Waldhang querend wird dann der Talkessel von **Žofín / Sophienschloß** erreicht (ca. 1½ Std.; erbaut 1854 und nach der Herrschaftsinhaberin von Gratzen benannt, 1980 von der Grenzwache abgerissen, in den letzten Jahren erbaute Pension-Restaurant „Lezova Žofín"; Infotafeln, Wanderkarten erhältlich).

Der Rückweg erfolgt auf der am Ende der Wiesenmulde zunächst rechts weiterführenden Forststraße, dann links durch das Waldtal in die Weitung von **Terčiná Hut' / Theresienhütte** mit dem Hutsky-Teich (1784 zur Holzschwemme angelegt, Glashütte im 18. Jh.). Um den dahinter sich mit Moorflächen ausdehnenden Talkessel führen Forstwege herum, über die der Waldsattel gegen die ehemaligen Ansiedlungen Bonaventura und Silberberg erreicht wird. Jenseits weiter zum Grenzübergang an der Lainsitz wie bei Tour 32 und nach **Joachimstal** (ca. 2 Std.).

Hojna Voda / Heilbrunn: Kraví hora / Kühberg, Kuní hora / Rossberg, Vysoka / Hochwald

Waldgipfel mit interessanten Felsformationen, zwei Halbtagstouren beim historischen Kurort Heilbrunn, markierte Wege, Forststraßen und felsige Steige, Anschlussweg von Dobra Voda / Brünnl Tour 39.

Route Tour 36: Hojna Voda–Kraví hora mit „Napoleonkopf"–Kuní hora–Staré Hutě / Althütten–Hojna Voda; 6,5 km, Seehöhe zwischen 800 und 952 m; Gehzeit 2 bis 3 Std. auf teilweise interessanten Waldsteigen.

Route Tour 37: Hojna Voda–Vysoka–Lukov (Rückweg über Variante „Urwald")–Nové Hutě–Hojna Voda; 7,5 km, Seehöhe zwischen 800 m und 1034 m; Gehzeit bis 3½ Std., vielfach auf Forststraßen.

Einkehr: Gaststätten in Hojna Voda.

Familienwege: Kraví hora mit „Napoleonkopf" und Aussichtsturm über Forststraße, insgesamt 1½ bis 2 Std.

Hojna Voda / Heilbrunn: Auf dem Bergsattel oberhalb von Dobra Voda / Brünnl gelegene Ansiedlung, von hohen Waldbergen umgeben. Name nach einer bereits 1564 entdeckten Heilquelle, durch die adeligen Herrschaftsinhaber von Gratzen (Rosenberg, Buquoy) eingerichteter Kurbetrieb (Reste von Promenadenwegen in den Wäldern), nach Aufhebung der Sperrzone am „Eisernen Vorhang" wieder Tourismusbetrieb.
Zufahrt: Von Harbach (am Ortsanfang links abzweigend) auf schmaler Asphaltstraße zur Grenze (Denkmal der Völkerverbindung von 2010) und nach Šejby / Scheiben (hier geradeaus weiter Richtung Nové Hrady / Gratzen), nach der Ortschaft links auf asphaltierter Waldstraße nach Dobra Voda, dort links nach Hojna Voda.

Tour 36

Rundwanderung über Kraví hora und Kuní hora (2½ Std.):
Am Ortsende von Hojna Voda Richtung Staré Hutě bei auffallender Lindengruppe mit kleiner Kapelle rechts, an Infotafeln (auch in Deutsch) vorbei zum großen Parkplatz am Waldrand. Links auf der Forststraße weiter (für den leichten Gipfelweg auf

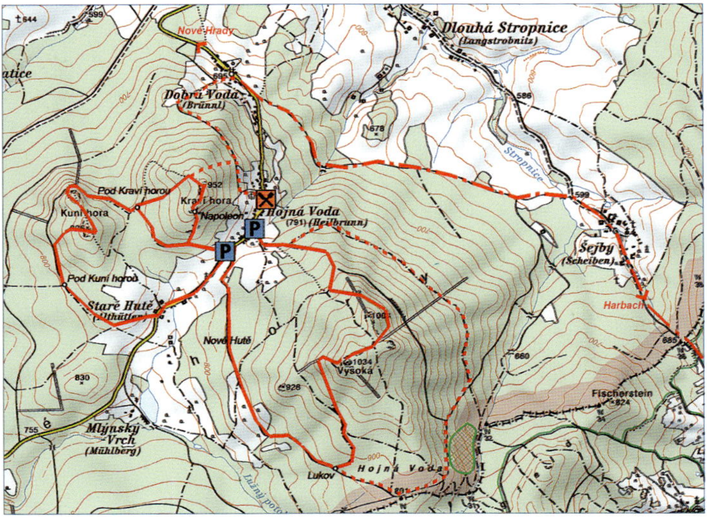

dieser weitergehen) und bei Wegweiser rechts grün markiert zum direkten Gipfelaufstieg. Dieser führt zunehmend steiler und steiniger durch einen von Windwürfen beeinträchtigten und mit Blockhalden durchsetzten Wald hinauf zu markanten Blockmassiven. Eines davon gleicht im Profil dem Kopf Napoleons! Weiter auf dem anspruchsvollen Steig über die Felsklippen (links Umgehungsmöglichkeit, weglos oder kaum Steigspuren) zum Gipfelpunkt des **Kraví hora** (952 m, ¾ bis 1 Std.). Der früher als Militärzone gesperrte Stahlturm kann auf einer kühnen Wendeltreppe erklettert werden und bietet eine fantastische Rundsicht über die Grenzberge und das Gratzener Becken.

Abstieg entlang der befestigten Trasse zur Bergschulter mit mehrfachem Wegweiser (über die Nordseite des Gipfels rot markierter Zustieg von Dobra Voda, siehe Tour 39; vom Ortszentrum Hojna Voda grün markiert in ca. 1 Std.). Weiterweg rot markiert auf der Forststraße bis zur Wegkreuzung **Pod Kraví horou** (845 m, kurz vorher links Forststraße als Rückweg zum Ausgangspunkt, Weiterweg nur mit Gipfelbesteigung lohnend). Für die Rundwanderung rechts weitergehen, bis der markierte Steig links abzweigt. Auf diesem im steilen, mit Felsblöcken durchsetzten Waldgelände auf den **Kuní hora** (928 m, ca. ¾ Std.). Entlang der Markierung über den steilen Bergkegel absteigend, wird der Umgehungsweg

Anstieg zum Kühberg

des Gipfels erreicht (Pod Kuní horou), bald danach zweigt die rote Markierung Richtung Benesov / Beneschau rechts ab. Man geht aber geradeaus weiter auf Forst- und Feldweg nach **Staré Hutě / Althütten** (Name von einer im 17. Jh. betriebenen Glashütte) und kommt in 1 km Straßenmarsch zurück zum Ausgangspunkt (ca. ¾ Std.).

Tour 37

Über den Vysoka / Hochwald oder Hochstein (alternativer Rückweg über „Urwald", 3 bis 3½ Std.):

Oberhalb der Ortsmitte von Hojna Voda (Markierung „Park.", Baumgruppe mit Nepomuk-Statue, Brunnen und kleiner Parkplatz) links abzweigend, auf der rund um den Berg führenden schmalen Asphaltstraße bis zum Haus am Waldrand. Hier rechts Anstieg entlang der roten Markierung, die an der Nordwestseite dieses Tausenders angelegt ist. Bei wechselnden Wegverhältnissen kommt man zu interessanten Felsgruppen, Aussicht gibt es aber nur von einzelnen Schlagflächen, und schließlich ist der Gipfelblock auf dem **Vysoka** erreicht (1034 m, 1½ bis 2 Std.). An den steilen Abstieg an der Westseite schließen Forstwege an, die bei **Lukov** in die rund um den Berg führende Asphaltstraße münden (880 m, ca. ½ Std., alte Schutzhütte). Hier direkter Rückweg rechts

„Napoleonkopf"

rot markiert durch das Waldgebiet von Nové Hutě (verschwundene Glashütte des 17. Jh.) zur oberen Ortsstraße von Hojna Voda (ca. ¾ Std.).

Rückweg durch den „Urwald" (ca. 1¼ Std.): Bei Lukov links auf der Asphaltstraße weitergehend, kommt man zur Grenzstelle der „Via Verde" (891 m, Grenzstein IV/30, Radtrasse nach Hirschenwies). Auf dem Asphaltweg bleibend geht es bergab zum Naturschutzgebiet „Prales Hojna Voda" (seit 1838 bzw. 1933, blockiger Bergmischwald auf 8,5 Hektar, Lehrpfad). Nahe einer Quelle links und noch etwas bergab führt die Asphaltstraße in weitem Bogen um den Berg herum zurück zum Ausgangspunkt.

Nové Hrady / Gratzen: Naturpark Terčino údolí / Theresiental

Idyllische Waldpromenaden durch den bereits ab 1670 angelegten Landschaftspark mit architektonischen und naturkundlichen Sehenswürdigkeiten, Rundweg grün markiert, zahlreiche Infotafeln (leider nur in Tschechisch und Englisch); dazu Streckenwanderung nach Dobra Voda / Brünnl (Anschluss zu Tour 36).

Route: Údolí / Niederthal–„Hamr"–„Lázničky"–Vodopád / Wasserfall–(Burg Cuknstejn / Zuckenstein)–Teich Gabriel–Schweizerhaus–Údolí; 6 km, Seehöhe ca. 500 m.

Gehzeit: 2 bis 2½ Std.

Einkehr: „Wellneshotel Residence" und typisch böhmischer Gasthof am „Ringplatz" in Gratzen, im Theresiental Restaurant Hamr.

Familienwege: Vom Restaurant Hamr (Zufahrt beim Nebeneingang von der Straße Richtung Horni Stropnice) zum Wasserfall und zurück, Naturlehrpfad als Runde über Lázničky und Teich Gabriel, jeweils ca. 1 Std.

Nové Hrady / Gratzen: Zufahrt von Gmünd und Ceske Velenice oder von Weitra über Heinrichs und Grenzübergang Pyhrabruck oder von Harbach wie auf Seite 64 über Šejby und Horni Stropnice ins Zentrum zum „Ringplatz" – Parkplatz mit Gebühr, empfehlenswerte Infostelle im alten Rathaus (hier kann man nicht mit Euro bezahlen!), sehenswert Kirche und Servitenkloster; Weiterweg vor der Burg (neben der Konditorei) links abzweigend rot markiert hinab nach Údolí möglich (Parkplatz beim ehemaligen Meierhof; ca. 20 Min.).

Tour 38

Rundweg durch den Naturpark (2 Std.):
Vom Naturpark-Haupteingang in **Údolí** auf Spazierwegen über den Talboden mit seinem prachtvollen Bestand seltener Baumarten und den überall verstreuten weißen Ruhebänken. Links über den Strobnitzbach zum **„Hamr"** (im 17. Jh. Hammerwerk und „Neumühle", Pension-Restaurant seit 1992, in der Gaststube interessante historische Ansichten; Parkplatz der vom Neben-

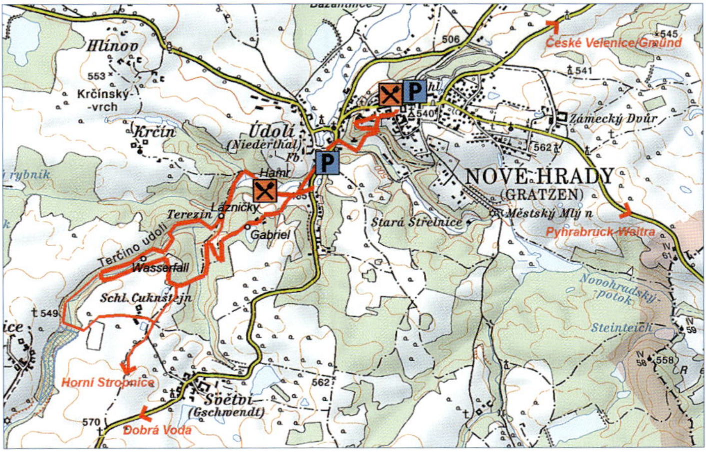

eingang an der Strobnitzer Straße kommenden Zufahrt). Weiter zum ehemaligen Lustschlösschen „**Lázničky**" (auch Neugebäu, Kleines Bad oder Wenceslas Spa genannt, um 1800 erbaut, 2011 in Renovierung). Dort bei Wegteilung (links rote Markierung für Tour 39) rechts im noch immer breiten Talgrund zur **Ruine des Modrý Dům** (auch als Blue House bezeichneter ehemaliger Musikpavillon, 1915 durch Hochwasser zerstört). Entlang dem von Steinblöcken durchsetzten Strobnitzbach stärker ansteigend weiter zur Lichtung mit dem berühmten **Wasserfall** (1817 angelegt, durch einen 750 m langen Hangkanal gespeist). Dem etwas dürftigeren Bachlauf folgend, wendet sich der Weg bei der Infotafel Lesa / Wald über die Brücke nach links.

Theresiental-Wasserfall

Variante: Am rechten Ufer weiter in freies Gelände hinauf und zum 1985/88 als Hochwasserschutz angelegten Damm und Staubecken. Dort links nahe der Burg Cuknstejn (erbaut im 15. Jh., privat, nicht zugänglich) wie-

Naturpark Theresiental

der zur roten Markierung, auf dieser weiter nach Dobra Voda Tour 39 oder zurück ins Theresiental.
Ein breiter Weg führt nun hoch am Waldhang, den „Wasserfall-Kanal“ mit seinem einst auch zum Schwimmen genützten Klärbecken querend, zum Vorsprung oberhalb des Wasserfalls. Danach biegt die Waldpromenade rechts ab, zu den Wiesenflächen nahe Cuknstejn und in eine wiesiges Seitental (lauschige Ruhebank bei einem Tulpenbaum). Nach dem folgenden Waldstück links, am Waldrand mit einer monumentalen Eiche entlang und beim Rest einer 200 Jahre alten Riesenfichte zum Ausblick auf das einstige Lustschlösschen „Laznicky“ (auch nach solchen „Blickpunkten“ wurde der historische Naturpark angelegt). Hier Abstiegsmöglichkeit in den Talgrund, besser aber Weiterweg scharf rechts (Kreuzung der roten Markierung Tour 39). Die grüne Rundweg-Markierung erreicht leicht ansteigend einen mit grüner Algenschicht bedeckten Waldteich und wendet sich links zur Lichtung mit dem **Gabrielenteich** (Einmündung des Waldlehrweges von „Lázničky“). Am linken Ufer weiter und nahe dem 1852 erbauten „Schweizer Haus“ vorbei zu einer Wiesenfläche, gegenüber am Waldrand (Rieseneiche) entlang links bergab zum Zufahrtsweg des Restaurants Hamr. Links zur Einkehrmöglichkeit oder gleich auf den Talpromenaden zurück zum Haupteingang in Údolí.

„Ringplatz" Gratzen

Rückweg nach Nové Hrady: Gegenüber dem Parkplatz rot markierter Anstieg, am oberen Bergrand links auf Steig die Festungsmauer entlang zur Wiesenfläche unterhalb der Burg Gratzen. Über den von hohen Steinmauern begrenzten Ringgraben in den malerischen Burghof und jenseits über den „Zwinger" (Wehrgraben) hinaus in die Stadt (½ Std.).

Tour 39

Von Nove Hrady nach Dobra und Hojna Voda (Streckenwanderung in 3 bis 4 Std.):

Wie bei Tour 38 ins Theresiental und links vor „Lázničky" rot markierter Waldanstieg zu den freien Flächen nahe der Burg Cuknstejn (empfehlenswerter entlang der grünen Markierung durch den Naturpark). Auf Güterweg und Landstraße nach **Horni Stropnice / Strobnitz**, dort nach der bemerkenswerten gotischen Kirche links abzweigen. Dann geradeaus bei Bad und Teich vorbei rot markiert hinauf nach **Dobra Voda / Brünnl** zur berühmten barocken Wallfahrtskirche, dem „böhmischen Lourdes" mit Heilquelle unterhalb des Kirchenaufganges (Einkehrmöglichkeit in einem Kiosk daneben). Weiterweg auf den Kraví hora und nach Hojna Voda wie bei Tour 36 und Rückfahrt mit Bus (vorher bei der Infostelle in Gratzen erkundigen).

Chlum u Třeboně / Chlumetz: Teichwanderung im Biosphären-Reservat

Durch die Teichlandschaft zwischen Třeboň / Wittingau und der österreichischen Grenze nahe Litschau; einige Asphaltstrecken im eher offenen Gelände und Forstwege durch urige Waldgebiete, auch als Radtour empfehlenswert!

Route: Chlum–Hejtman–Chlumes les / Chlumetzer Wald–Špačkov und Staňkovský rybník–Staňkov–„Texas"–(Chlum)–Lutová–(Starý Kanclíř–Chlum)–Basta–Starý Hospodář–Starý Kanclíř–Chlum; 18,5 km, Seehöhe um 450 m (geringe Höhenunterschiede).

Gehzeit: 5¼ Std. (kürzere Runden mit 2½ oder 3¼ Std.).

Einkehr: In Chlum, Staňkov und Lutová.

Familienwege: Von Staňkov auf dem Dammweg zwischen Špačkov und Staňkovský rybník zum Chlumes les (¾ Std.), kleine Teichrunde von Chlum über Staňkov und „Texas" (2½ Std., siehe Tour 40).

Zufahrt: Grenzübergang Nagelberg – Hauptstraße Richtung Třeboň – nach Suchdol rechts abzweigend nach Chlum; Parkplatz bei der hochgelegenen Pfarrkirche (vor dem Teich links und geradeaus hinauf). Zufahrt von Litschau über den Grenzübergang Schlag möglich.

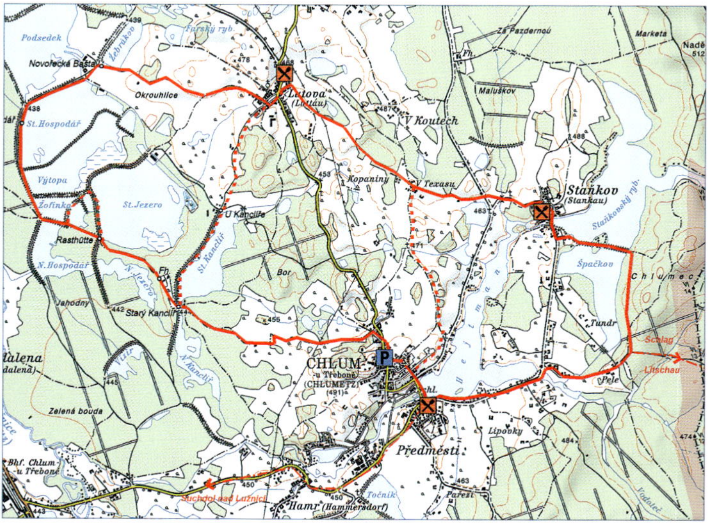

Tour 40

Vom Teich Hajtman zum Staňkovský rybník / Stankauer Teich (kleine Runde von Chlum in 2½ Std.):

Von der **Maria-Himmelfahrt-Kirche** (1745 nach Vorbild von Mariazell erbaut, spätbarocker Bau von 1805) über den Kreuzweg hinab zum **Schloss** (Bau von 1710 und um 1900, bemerkenswerter Park). Auf der Uferpromenade links haltend am **Teich Hejtman** entlang, bei Campinganlage auf der Stankauer Straße weiter, die einen Seitenarm des Teiches überquert. Danach scharf rechts abzweigen und nach den Häusern von „Pele" ins Waldgebiet. Wo sich der Asphaltweg (auch Radtrasse Richtung Schlag / Litschau) bald nach rechts wendet, links auf eine unmarkierte Forststraße abzweigen (Fahrverbotstafel). Bei deren Gabelung links weiter und geradeaus durch den **Chlumetzer Wald**. Dann links über den Damm des Stankauer Teiches zur Straße und rechts in die Ortschaft **Staňkov / Stankau** (ca. 1½ Std., mehrere Einkehrmöglichkeiten, links Fisch-Restaurant). Nach der Ortskapelle bei Kreuzung links mit gelber Markierung auf der Straße weiter, und kurz rechts haltend immer noch auf Asphalt bis zur Kreuzung nach dem Anwesen **„Texas" (V Texasu)**.

Rückweg nach Chlum: Von der Kreuzung links auf asphaltiertem Fahrweg über Wiesengelände mit einzelnen Waldstücken eben dahin, bei Gabelung links weiter, bis die Chlumetzer Kirche in Sicht kommt. Nun auf einem Wiesenweg rechts zum nahen Friedhof und ins Ortsgebiet, zuletzt auf der Kalvarienberg-Straße hinauf zum Ausgangspunkt (ca. 1 Std.).

Dammweg am Stankauer Teich

Tour 41

Über Lutová / Luttau und Starý Kanclíř zurück nach Chlum (insgesamt 3¼ Std.):

Der Weiterweg der Teichwanderung führt, wie bei Tour 40 von Staňkov und „Texas“ kommend, bei der Kreuzung geradeaus gelb markiert ohne Asphalt weiter und mündet auf den Angerplatz des netten Dorfes **Lutová** (1 Std. von Staňkov, Nepomuk-Kapelle und Infotafel, einfaches Gasthaus). Am Löschteich an der linken Seite entlang zu Kreuzung der Nebenstraße (rechts abzweigend zu Tour 42) und geradeaus auf schmaler Asphaltstraße zur Wegkreuzung bei „**U Kanclíře**“. Geradeaus weiter folgt der von uralten Baumriesen begleitete Damm entlang dem Teich Starý Kanclíř. Auf Asphalt wird der Kreuzungspunkt „**Starý Kanclíř**“ am Ende des Teiches erreicht, wo man links wie bei Tour 42 rot markiert nach Chlum geht (1½ bis 2 Std. von Lutová).

Tour 42

Große Teichrunde von Lutová über Stary Hospodar und Starý Kanclíř zurück nach Chlum (insgesamt 5¼ Std.):

Dafür zweigt man in Lutová bei der Kreuzung der Nebenstraße nach dem Löschteich rechts ab und geht entlang der gelben Markierung, zuerst auf Asphalt und dann auf Fahrweg, bis zum Teich Zebrakov mit der **Kreuzung „Novořecká Bašta"**. Dort links immer noch gelb markiert über den Damm zum Kreuzungspunkt **„Starý Hospodář"** mit der roten Markierung. Diese nun links bei den Teichen entlang, dann auf dem Damm zwischen den nächsten Teichen zu **Wegkreuzung** (lohnende Variante links abzweigend, bei der folgenden Kreuzung rechts das Ufer am Naturschutzgebiet des **Staré jezero** entlang zum Weiterweg bei der Unterstandshütte).

Im Naturschutzgebiet am Staré jezero

Bei der vorhin genannten **Wegkreuzung** geradeaus weiter gehend, kommt man zur Kreuzung der Waldstraßen nahe dem Teich Staré jezero (Unterstandshütte). Die rote Markierung führt geradeaus auf breitem Forstweg dahin, begleitet von uralten Baumriesen und mit kurzem Ausblick über den Teich Nové jezero, allerdings stets im Forst abseits der Teichufer. Vom **Forsthaus Zámecká Myslivna** an auf Asphalt über eine Lichtung zum Kreuzungspunkt **„Starý Kanclíř"** an der von Lutová kommenden Straße (ca. 2 Std.). Gleich gegenüber rot markiert weiter durch Wald und über Heidegelände zur Straße zwischen Lutová und Chlum, rechts weiter und dann links abzweigend zum Ausgangspunkt auf dem Kirchenberg von **Chlum** (¾ Std.).

Gmünd – Hoheneich: Teichweg und Blockheide

Rundwanderung in waldreicher Teichlandschaft und durch den Naturpark, bequeme Wege, aber teils unbezeichnet.

Route: Grillenstein–„Malerwinkel“–Teichkettenweg–Haid–Hoheneicher Wald–Mitterteich–Hoheneich–Pilzstein–Blockheide–Grillenstein; 14 km, Seehöhe zwischen 470 m und 540 m.

Gehzeit: insgesamt 4 bis 5 Std. (kürzere Runde über Hoheneich).

Einkehr: Gasthof in Hoheneich.

Info: Stadtamt 3950 Gmünd, Tel. 02852/525 06., Gemeinde 3945 Hoheneich, Tel. 02852/526 64.

Familienwege: Von den Naturpark-Eingängen Grillenstein oder Eibenstein durch die Blockheide (1½ bis 2 Std.), vom Hoheneicher Freibad zum Ulrichsteich (bis 1 Std.).

Tour 43

Teichkettenweg und Blockheide (2½ bis 3½ Std.):
Beschilderte Zufahrt von Gmünd zum Naturpark Blockheide in Grillenstein (Parkplatz gleich nach dem „Schüsselwirt“). Vom Zugang zum Naturpark rechts abzweigend zum idyllischen „**Malerwinkel**“ am Braunaubach. Unter den Blockhängen zu einem Steg und rechts hinauf zur Bundesstraße. Kurz rechts und bei der Textilfabrik abzweigend ins freie Gelände mit dem **Fuchsteich** (rot markierter Weitwanderweg und Teichkettenweg Nr. 14). Durch Waldbestand mit zahlreichen Granitblöcken, unterbrochen von Bahn- und Straßenquerung, bis nahe an den Pilzteich heran, dort aber links auf der Forststraße bis zur Bundesstraße in **Haid**. Diese rechts entlang und bei Weg Nr. 3 links abzweigend zum Steg über den Elexenbach. Nun etwas eintönig die Franz-Josephs-Bahn entlang bis zur

ehemaligen Bahnhaltestelle (504 m, 1 Std.;). Hier links auf der Straße (Abzweigung zu Tour 44) ca. 20 Min. nach **Hoheneich**.
Von der Kirche schräg hinunter oder über die Gmünder Straße zum Gasthof Gruber (Montag Ruhetag) und Richtung Schrems über die Braunaubrücke. Gleich danach links auf Weg Nr. 1 Richtung Blockheide zur Unterführung der Bundesstraße. Danach links weiter zur Wegkreuzung beim „**Jägerkreuz**“ (½ Std.). Von hier aus beliebig auf den beschilderten Wege durch den **Naturpark Blockheide**: Links über Mondteiche–Granitlehrpfad–Christophstein, rechts zum Informationszentrum und Aussichtsturm bzw. längere Runde über Großeibenstein, am kürzesten geradeaus beim Teufelsbettstein und anderen Blockformationen vorbei zum Ausgangspunkt in **Grillenstein** (½ bis 1½ Std.).

Tour 44

Zu den Hoheneicher Teichen (1½ bis 2 Std., auch als Runde von Hoheneich aus):

Zu den Teichen geht man anschließend an Tour 43 von der ehemaligen Bahnhaltestelle auf der Straße bis zur Anhöhe kurz vor Hoheneich (bzw. von Hoheneich dorthin) und zweigt noch im Wald ostwärts auf einer Forststraße ab. Diese zieht (immer geradeaus den Biegungen folgen, nicht links abzweigen) bis zu einer scharfen Wendung unweit eines gesperrten Bahnüberganges. Hier links zu einer Kreuzung und geradeaus hinauf zum **„Blauen Spitz" am Ullrichsteich** (Fischerhütte und malerischer Ausblick, aber abgezäunt). Für den Weiterweg links abzweigen und auf einem Waldfahrweg weiter. Bald kommt rechts der große **Mitterteich** in Sicht, gleich anfangs Zugang zum Ufer (Rohrkolben, Wasservögel). Später nach rechts zum **Hoheneicher Freibad** (in der Badesaison geöffnetes Buffet).

Gleich beim Bootshaus abzweigend auf Abkürzungsweg zur Straßenquerung mit Bildstock „Wunder von Hoheneich" (die so genannte Mirakeltür soll sich 1621 vor den einziehenden Wallfahrern trotz Verriegelung durch den protestantischen Herrschaftsinhaber von selbst geöffnet haben). Auf dem Hoffeldweg in das Ortsgebiet und vom Braunaubach im Linksbogen hinauf zum Marktplatz von **Hoheneich** (521 m, 1½ bis 2 Std.; barocke Wallfahrtskirche von 1776, Einkehrmöglichkeit).

„Blauer Spitz" am Ullrichsteich

Schrems – Heidenreichstein: Moor-Naturparke

Naturkundlich interessante Rundwanderung im Naturpark Hochmoor Schrems; Moor-Museum und Lehrpfad im Naturpark Heidenreichsteiner Moor (ca. 1½ Std.).

Route: Schrems / „Unterwasserreich“–Naturparkweg–Torfstich–Kirchenwald–Schlagkreuz–Naturparkweg; 6 km, Seehöhe ca. 540 m.

Gehzeit: 2 bis 3 Std.

Einkehr: Gasthöfe in Schrems und Heidenreichstein.

Info: Stadtamt 3943 Schrems, Tel. 02853/77454-21, „Unterwasserreich“ Tel. 02853/76334; Tourismusbüro 3860 Heidenreichstein, Tel. 02862/52619.

Familienwege: Im Naturpark Schrems (an der Zufahrt Moor-Badeteich) zur „Himmelsleiter“ und zum „Schau-Torfstich“. In Heidenreichstein (Wasserburg, Moor-Museum) zum „Hängenden Stein“ und Lehrpfad mit Steg ins Moor. Gehzeit jeweils ca. 1 Std.

Tour 45

Naturparkweg im Hochmoor Schrems (2 Std.):

Von den Parkplätzen beim Naturmuseum „**Unterwasserreich**“ links haltend zum Aussichtsmonument „**Himmelsleiter**“. Nun hinein in den Moorwald, an den vor mehr als 30 Jahren aufgelassenen Torfstichen vorbei, zum Beobachtungssteg in ein schon wieder vielfach mit Torfmoospolstern erfülltes Torfbecken. Das folgende besonders eindrucksvolle Wegstück führt zum „**Schau-Torfstich**“ (meist auch Torfziegel zum Trocknen aufgeschichtet, früher für den Hausbrand und in den Glashütten verwendet). Kurz danach zweigt der Naturparkweg rechts ab (um ½ Std. kürzere Runde, vorwiegend auf teilweise feuchten Dammwegen mit Abstecher zum „Torfhaus“).

Biotop Hochmoor: Auffallende Blütenpflanzen sind u. a. das rot blühende Sumpf-Fingerkraut („Blutauge“), die mit dem Torfmoos mitwachsenden Ranken der Moor-Preiselbeere („Moosbeere", im Frühsommer winzige zyklamenartige rosa Blüten), die Rosmarinheide und ein hoher Doldenblütler, der Sumpf-Haarstrang. Im Hochsommer streckt der Wasserschlauch seine gelben Blüten über den Wasserspiegel, seine untergetauchten haarförmig zerteilten Blätter enthalten Fangblasen zum Einfangen von Plankton. Ebenso eine „fleischfressende" Pflanze ist der am Rand der Moorbecken und im Torfmoos spärlich vorkommende Sonnentau. Der „Moor-Heide-Wald" besteht aus Rotföhren, Birken Faulbaumsträucher und Heidekrautarten (Besenheide, Heidel-, Preisel- und Rauschbeere), die auf diesen nährstoffarmen Böden wachsen können.

Die lohnende längere Rundwanderung verläuft geradeaus (Wegweiser rot + gelb) aus der Moorsenke heraus und in den anschließenden Heidewald. Bei der nächsten Wegteilung (Richtung Langschwarza) rechts und ziemlich geradeaus über den Brunnberg hinweg bis zum „**Schlagkreuz**" (Rastplatz). Hier rechts mit Rückblick auf die neoromanische Kirche von Langschwarza über die Streifenfluren weiter zum „**Torfhaus**" (Rastplatz mit Grillstelle, hierher auch auf dem Naturparkweg). Auf der anschließenden Forststraße zur Wegkreuzung des Naturparkweges, dort schräg in den Hochwald (Wegweiser zum Parkplatz) und zurück zum Ausgangspunkt.

Moor-Preiselbeere

Torfziegel

Torfstichbecken und „Himmelsleiter“

Tour 46

Moor-Lehrpfad Heidenreichstein (1½ bis 2 Std.):
Zugang aus dem Ortsgebiet Richtung Sportplatz und Gemeindeteich / Freibad oder Zufahrt auf der Waidhofner Straße ca. 2 km bis zum Lehrpfad-Parkplatz. Von dort zuerst zum **„Hängenden Stein“**, dann seitlich links auf Waldsteig in die Moorsenke der **Gemeindeau** zur Forststraße, auf welcher der Lehrpfad rechts weiterzieht – Informationstafeln, Steg ins Hochmoor, später Aussichtsturm am **Winkelauer Teich**. Der Lehrpfad biegt nun bald rechts ab, aber besser auf der Forststraße geradeaus weiter und erst später rechts zur Weitwandermarkierung Nr. 630 + 607. Bei einer folgenden Kreuzung links zum **Gemeindeteich** (Strandbad, in der Badesaison Buffet, gegenüber botanisch interessante Verlandungszone).
Rückweg zur Waidhofner Straße (oder Einstieg in den Lehrpfad beim Zugang von Heidenreichstein): Vom Bad-Parkplatz auf der Zufahrt bis zur Kreuzung nahe dem Waldrand, dort geradeaus weiter bis zur nächsten Gabelung und rechts bis zur Abzweigung mit Wegweiser „Hängender Stein / Lehrpfad“. Vom hier links anschließenden Waldweg wieder links abzweigend zum Lehrpfad-Parkplatz.

Litschau: Graslstein und St. Peter

Rundtour auf den lohnendsten Wanderwegen im Höhengelände nördlich von Litschau. Rundwanderung im südlichen Wandergebiet über Höllgraben, Schönauer Teich und Rottalmoos in – „Das große Wandererlebnis NÖ“.

Route: Litschau–Schlag–Graslstein–Wilde Jagd–Hörmanns–Saaß–(St. Peter)–Steingarten–Litschau; 19 km, Seehöhe zwischen 531 m und 619 m.

Gehzeit: insgesamt 5 Std. (kürzere Variante mit Rückweg von Hörmanns in 3½ Std.).

Einkehr: unterwegs keine Möglichkeit.

Info: Gästeservice 3874 Litschau, Tel. 02865/53 85.

Familienwege: Rund um den „Herrensee“ (1½ bis 2 Std.), Waldlehrpfad zum Kufsteinteich (¾ Std.). Von Saaß oder Schandachen zum Teufelsstein und „Steingarten“ (1 Std.). Von Hörmanns Runde über Graslstein und Wilde Jagd (1½ Std.).

Tour 47

Rundwanderung über Schlag und Hörmanns (3 bis 3½ Std.):
Vom Stadtplatz in **Litschau** (531 m, spätgotische Hallenkirche) bergab und hinauf zum Schloss, über den anschließenden Waldlehrpfad zum **Kufsteinteich** (1677 angelegt und als „Himmelteich“ nur von Niederschlägen gespeist). Der roten Markierung Nr. 12 nach zur Wegkreuzung „Beim Dreieck“ und weiter nach Schlag (1 Std.; links die Straße entlang zum „Froschstein“, zusätzlich 20 Min.).

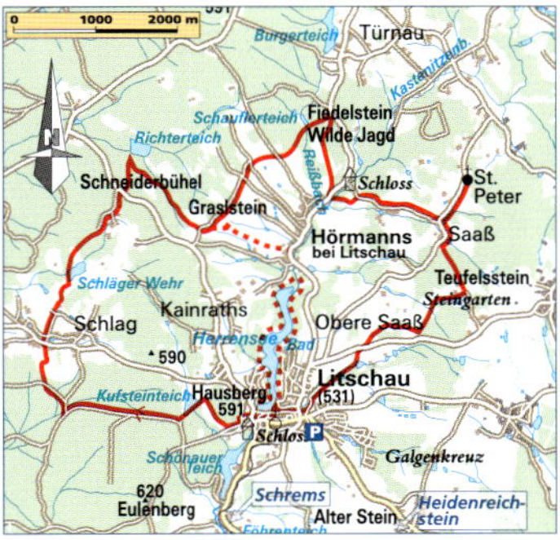

Gleich gegenüber stets auf Fahrwegen mit Markierung Nr. 12 zum Teich „Schläger Wehr“ und zum Kashof. Auf Asphalt zur Josefsthaler Straße am Schneiderbühel (549 m), diese nur kurz rechts entlang und links bergab zum **Richterteich**. Nun rechts durch den urigen Wald und den folgenden Dachsengraben mit der zerklüftete Felsenburg der „Graslstubn“ weiter ansteigend zum **Graslstein** und hinaus zur

Wegkreuzung auf der Anhöhe (590 m, 1 bis 1½ Std.; Abzweigung zu Tour 48).

Abkürzender Rückweg nach Litschau: Auf dem Fahrweg links über die nächste Waldkuppe und dann scharf rechts abzweigend hinab nach **Hörmanns** (521 m, ¼ Std.). Am südlichen Ortsrand nahe der über den Reißbach führenden „Kastanitzerbrücke" (Nepomuksäule) von der Litschauer Straße zum **Erholungswald Herrensee** abzweigen. Bei der Wegteilung links am Ostufer des Herrensees entlang zum Strandbad. An einem Rastpavillon vorbei zur Teichallee an der alten Stadtmauer und zum Ausgangspunkt am Stadtplatz (¾ bis 1 Std.).

Litschau und „Herrensee"

Tour 48

Wilde Jagd – St. Peter in der Saaß – Teufelsstein (3 Std.):
Von der Anhöhe nach dem **Graslstein** weiter den Höhenrücken auf markiertem Fahrweg entlang bis zum Sportplatz. Dann am Schauflerteich vorbei (im Waldgelände die Blockformationen **Wilde Jagd und Fiedelstein**) zur Haugschlager Straße. Gleich wieder auf Weg Nr. 13 rechts abzweigend hinunter nach **Hörmanns** (¾ bis 1 Std.).

Dort über die Brücke zunächst unmarkierter, dann mit Nr. 15 auf Asphalt verlaufender Übergang in die **Saaß**. Der Aufstieg zur Bergkirche St. Peter ist trotz der Asphaltstraße sehr lohnend (619 m, ca. 10 Min., schöner Ausblick). Nun kurz auf der Straße Richtung Litschau zum Waldrand, dann auf Waldfahrweg Nr. 14 zur Flur **„Steingarten"** mit dem Hutstein und der Felsgruppe Teufelsstein (¾ bis 1 Std.; Granitblöcke mit Spuren der Teufelskrallen, im Volksmund auch „Falkenburg").

Von dieser Hochfläche auf Fahrweg rot markiert Nr. 14 zu den Gehöften der **Oberen Saaß** und hinaus in die weitläufige Ackermulde. Vom folgenden Waldrand rechts zu einem Waldstreifen

Ein granitener „Feldstein"

mit Bildstock (591 m) und später zur Schandachener Straße. Dort in die Mulde hinab und an Teichen vorbei auf einem Waldweg ins Ortsgebiet von **Litschau**. Beim Mörterteich rechts zur Teichallee und die Stadtmauer entlang zum Ausgangspunkt am „Herrensee" mit Durchgang zum Stadtplatz (1 Std.).

Teufelsstein in der Saaß

Kautzen: Hoher Stein und Skorpion

Rundwanderung über die Waldhöhen an der mährischen Grenze und zu einem der berühmtesten „mystischen Plätze“ des Waldviertels, gut markierte Wege, im zweiten Teil längere Straßenstücke.

Route: Kautzen–Illmau–Hoher Stein–Pyramide–Radschin–Reinberg–„Alm“–„Platz des Skorpions“–Engelbrechts–Kautzen; 17,5 km, Seehöhe zwischen 525 m und 666 m.

Gehzeit: insgesamt 5 Std.

Einkehr: Unterwegs keine Möglichkeit.

Info: Gemeindeamt 3851 Kautzen, Tel. 02864 / 2241.

Familienwege: „Heilkräuterweg“ in Illmau, über Engelbrechts zu den Almhäusern mit „Warzenbründl“ und „Platz des Skorpions“, jeweils ca. 1 Std.

Tour 49

Hoher Stein und Pyramide / „Teufelsstein“ (insgesamt 3½ Std.): Parkmöglichkeit beim Friedhof in Kautzen oder im Ortsgebiet von **Illmau** (Gasthof Harrer), beim Teichanger am Ende des Dorfes rechts zum „**Heilkräuterweg**“. Über diesen zur Kneipp-anlage und nun immer der Markierung nach (blau-rot-650) über Wald- und Ackergelände (bei klarer Sicht „Panorama-Schneebergblick“), bis man endgültig in den Hochwald kommt. Auf dem rechten der beiden Waldwege rot-gelb-blau markiert über die Anhöhe hinweg und links zu einem Waldsattel. Hier auf steilem Steig geradeaus nordwärts zur Bergkuppe (666 m, ca. 1 Std.; schräg rechts abzweigender markierter Steig zum versteckten **Hohen Stein**; nicht verwechseln mit der gelb-roten, im Wald rechts steil absteigenden Markierung!).

Teichidylle im „hohen Norden“

Auf der bewaldeten Kammhöhe weiter und blau-rot markiert hinab zu einer Forststraße. Die Markierung benützt diese in weitem Rechtsbogen, viel lohnender jedoch unmarkiert links auf der Forststraße bergab bis zum **Holzteich**. Dort über den Damm und rechts haltend wieder zur markierten Forststraße. Auf dieser links weiter über die Anhöhe hinweg und rechts Richtung **Pyramide** abzweigen. Immer entlang der Markierung (rot-blau-650) auf Steig über den mit riesigen Felsblöcken besetzten Bergrücken zum Gipfelpunkt mit der Pyramide (dreikantiger Obelisk von 1825 mit eingehauenen Sinnsprüchen). Auf dem Kammweg weiter und an der Blockgruppe mit dem „**Teufelsstein**“ vorbei bergab zu einem Forstweg. Die anschließende Route ist zwar etwas verwinkelt, aber gut markiert und leitet in einer Folge von Karrenwegen und Steigen hinaus zur freien Hochmulde beim **Dürnhof**. Nach dem Gehöft beim Teich vorbei, danach rechts (rot-grüne Markierung) in weitem Bogen bis zu den Grenzsteinen gegen Tschechien und um das nächste Gehöft rechts herum zur Straße auf der Berghöhe von **Radschin** (1¼ Std.).

Abkürzender Rückweg – bereits vom Dürnhof auf Güterweg nach Illmau zurück oder vom Radschinhof auf dem Fahrweg mit blauer Markierung nach Engelbrechts und zurück nach Kautzen (ca. 3½ Std.).

Beim „Dreiländerstein“ (bei Tour 58)

Tour 50

Reinberg und „Skorpion“ (Rundtour von Engelbrechts in 3½ Std.): Wie bei Tour 49 von Kautzen oder Illmau in 2½ Std. oder von Engelbrechts in ¾ Std. zur Berghöhe von **Radschin**. Nun auf der Asphaltstraße Richtung Eisgarn weiter bis in die Gegend des Mühlberges, dort links (nach Forststraßenabzweigung mit Verbotstafeln) auf Fahrweg durch den Wald in die Nähe des Dörfchens **Reinberg-Dobersberg**. Hier am Waldrand links auf asphaltiertem Güterweg zum Schwarzteich und am Eglauerkreuz vorbei in einen Waldvorsprung hinein. Von der bei der Rechtskurve links abzweigenden markierten Forststraße (rot-grün Nr. 32) nach wenigen Schritten rechts zu einem unmarkierten Karrenweg. Dieser erreicht, zuletzt links haltend, die einmündende Markierung bei der Kapelle auf der „**Alm**“. Auf dem Fahrweg links und bei der Asphaltstraße rechts abzweigen. Dort zuerst rot-blau markiert am Felsblock „Warzenbründl“ vorbei und bald danach zum „**Platz des Skorpions**“ (fast 1½ Std.).

Auf dem Fahrweg weiter bis zur Waldecke, dort links und auf einem deutlichen Karrenweg in das Gehölz, weiter bergab zum Waldrand der gegen Engelbrechts ziehenden Streifenfluren. Geradeaus am Rain entlang weiter, dann auf dem Feldweg ins flache Gelände und links haltend in das Dorf **Engelbrechts**. Rückweg nach Kautzen auf der 2,5 km langen Asphaltstraße, vorbei am hübschen Engelbrechtser Teich (1¼ Std.).

Groß-Siegharts: Sieghartser Berge und Naturpark Dobersberg

Rundwanderung über den langgestreckten Bergrücken zwischen Waidhofen an der Thaya und Groß-Siegharts, sportlicher Waldmarsch ohne besondere Höhepunkte, aber immer wieder stimmungsvolle Abschnitte.

Route: Groß-Siegharts–Dietmanns–Predigtstuhl–Bründlkapelle–(Seifriedswald–Groß-Siegharts)–Götzles–Kuenringerweg–Georgenberg–Kalkbründl–Groß-Siegharts; 19 km, Seehöhe zwischen 560 m und 718 m.

Gehzeit: 4½ bis 5½ Std. (je nach Abstiegsvariante).

Einkehr: Keine Möglichkeit.

Info: Gemeinde 3812 Groß-Siegharts, Tel. 02847/2371; Naturpark Dobersberg (Tour 53).

Familienwege: Im Naturpark Dobersberg.

Tour 51

Predigtstuhl und Bründlkapelle (mit Rückweg 4¼ Std.):
In Groß-Siegharts von der Waidhofner Straße zum Waldbad und zur Parkmöglichkeit beim Sportplatz. Wo die Forststraße mit blau-gelber Markierung geradeaus in den Wald hineinführt, rechts auf unmarkiertem Waldweg den Graben entlang. Gleich beim ersten Steg rechts und auf dem Feldweg nach **Dietmanns**. Bei der Ortskapelle rechts in die Waldreichser Straße, geradeaus (gelbe Markierung) und dann rechts haltend auf dem Güterweg „Hohlweg-Dietmanns" zum Waldrand. Auf Forststraße links haltend in die Mulde am **Satzling**, bei Wegteilung gleich danach links durch Hohlweg zu einer geradlinigen „Forstautobahn", die zum Sattel hinter dem **Wieningsberg** führt. Jetzt rechts auf unmarkiertem Forstweg bis zum rot-611 markierten „**Kuenringerweg**", auf dem die Tour weiter verläuft. Links aufwärts und um eine Felsmauer herum auf den Bergrücken – markierter Seitenweg links zur „**Kanzel**" (schöner als der Gipfel). Am Hauptweg den Kamm entlang bis zu dem bizarr aus dem flachen Waldboden aufragenden Felsblock **Predigtstuhl** kurz vor dem Gipfel (718 m, 1½ bis 2 Std.).

Abstieg bis zur querenden Forststraße, über diese aber hinweg und erst danach links zur Wegteilung Richtung Waidhofen. Hier links zur Straße zwischen Dietmanns und Hollenbach und jenseits entlang der Markierung zur Waidhofner Straße, auf dieser rechts zur **Bründlkapelle** (647 m, ¾ bis 1 Std., Infotafeln des Waldlehrpfades). Gleich daneben im Wald markiert zum Gedenkstein für die abgekommene Siedlung „Ulreichs-Slag" (1153 urkundlich und älteste Kirche des Gebietes). Im Wald weiter (Lichtungen mit Heidelbeerwuchs, Hochspannungsleitung) bis zu der nach Dietmanns führenden Asphaltstraße. **Abkürzender Rückweg** –auf dem markierten Höhenweg über den Seifriedswald weiter und danach links durch den Graben bergab zum Ausgangspunkt (ca. 1¾ Std.).

Im Naturpark Dobersberg

Tour 52

Runde über Georgenberg (insgesamt 5½ Std.):

Besonders bei guter Sicht empfehlenswert! Entweder auf dem markierten Höhenweg oder besser auf dem „**Kuenringerweg**": Auf der Dietmannser Straße rechts am Weißen Marterl vorbei nach Götzles und hier links bis zum Waldgebiet am Sieghartser Berg. Auf Forstwegen weiter zur Einmündung des Höhenweges (Flurname „Kegel") und auf der Straße hinein nach **Georgenberg** – vom südlichen Ortsrand Fernblick bis zu den Alpen (646 m, 1½ bis 2 Std., keine Einkehrmöglichkeit). Zurück auf der Straße bis zur Einmündung der Markierung von Götzles und vom Sattel auf der rechten Forststraße bis zum „**Kalkbründl**", später links abzweigend zum Ausgangspunkt (ca. 1 Std.).

Tour 53

Thayatal-Naturpark in Dobersberg

Einfache Wege entlang der Thaya und zu romantischen Waldstücken, viele Naturkunde-Infos und Freizeiteinrichtungen; Naturparkzentrum und Museum im Schloss Dobersberg, Tel. 02843/26161, Marktgemeinde 3843 Dobersberg, Tel. 02843/2332 (Prospekt mit Wanderkarte).

Route: Waldlehrpfad–Wildgehege–Rainweg–Pionierbrücke–Grillplatz und Jausenstation (Mai bis Okt. ab 15 Uhr)–Jägersteig im Maißwald–Saugatter–Feldwege bei Riegers–Thayabogen mit Loreleyfelsen und Farnschlucht–Karlsteiner Straße–Dobersberg; Gehzeit bis 2½ Std.

Familienwege: Vom Parkplatz bei der Kirche Waldlehrpfad zum Wildgehege und Spielplatz, weiter zur Pionierbrücke und zurück am Thaya-Uferweg; von der Karlsteiner Straße (Richtung Riegers) zum Thayabogen mit der Farnschlucht bzw. zum Naturparkgelände im Maißwald; jeweils ca. 1 Std.

Mönchsfelsen am Javořice (Tour 59)

Slavonice / Zlabings: „Kaskade der Waldteiche" und Graselweg

Rundwanderung durch den Naturpark „Tschechisch oder Böhmisch Kanada", mit auch historisch interessanten Waldwegen und idyllischen Teichen.

Route: Slavonice–Muzeum opevněni / „Festungsareal"–Waldteiche–Bobovec (Wüstung Pfaffenschlag)–Teich Dolni Satlava–Graselova sluj / Graselhöhle und Schillerův kámen / Schillerstein–Graselweg–Fronleichnamskirche–Slavonice; 17 km, Seehöhe zwischen 440 m und 620 m.

Gehzeit: 4½ bis 5 Std.

Einkehr: In Slavonice, unterwegs keine Einkehrmöglichkeit.

Info: Tourismusbüro am Náměstí míru (Auskünfte in Deutsch, empfehlenswerte Wanderkarte – WGS 84 / Salvonicko Thayaland 1:25000); ausführlich im Internet: http://www.slavonice-mesto.cz/de

Familienwege: Rundgang durch die Denkmal-Schutzzone der Altstadt (Führungen, Besteigung des Stadtturmes); Kreuzweg zur Fronleichnamskirche; von der Straße Richtung Stálkov (Parkplatz Bobovec) zur Wüstung Pfaffenschlag; jeweils bis zu 1 Std.

In Slavonice

Tour 54

„Kaskade der Waldteiche" und Wüstung Pfaffenschlag (3 Std.):

Zufahrt: Über Dobersberg und den Grenzübergang Fratres nach Slavonice / Zlabings, dort Ausgangspunkt am **Náměstí míru** (Platz des Friedens, ehemals Unterer Platz, Parkmöglichkeit gegen Gebühr, frei bei der Busstation). Die rote Markierung beginnt beim ehemaligen Herrenhaus (Arkaden, früher Bürgerschule, dahinter die Pfarrkirche mit dem Stadtturm).

Wanderweg: Rechts in der Seitenstraße rot markiert bergab zum Zlabingsbach bei der **Nepomuk-Kapelle** (nahe der historisch bemerkenswerte Friedhof) und rechts ohne Markierung auf Promenadenweg am Bach entlang. Nach der folgenden Bahnunterführung leicht links wieder zur roten Markierung. Über die Anhöhe kommt man ziemlich geradeaus zum „**Festungsareal**" (museal präsentierte Bunker u. a. Grenzschutzanlagen von 1935/38). Auf der Forststraße an den rechts etwas abseits gelegenen Waldteichen vorbei, geht es zu einer Wegkreuzung (links rot Richtung Staré Město). Hier grün markiert scharf rechts auf Waldsteig zur Wüstung **Bobovec** (Pfaffenschlag, in den Hussitenkriegen zerstörtes mittelalterliches Dorf). Die folgende Landstraße beim Parkplatz Bobovec überqueren und grün markiert weiter zur Kreuzung von Forstwegen nahe dem großen **Teich Dolní Šatlava**(2 Std.). Weiterweg zu Graselhöhle und Schillerstein bei Tour 63, ebenso abkürzender Rückweg nach Slavonice (1 Std.).

Tour 55

Auf dem Graselova stezka / Graselweg
(Rotpunkt-Markierung, 2 bis 2½ Std.):

Von der Kreuzung der Forstwege nahe dem **Teich Dolní Šatlava** (abkürzender Zugang entlang der grünen Markierung vom Parkplatz Bobovec) auf der asphaltierten Forststraße links leicht bergan weiter bis zur Abzweigung der grünen Markierung, hier rechts Waldsteig zur nahen **Graselova sluj / Graselhöhle**. Den Graselova

„Kaskade der Waldteiche"

stezka / Graselweg entlang – Achtung auf die Markierungen im unübersichtlichen Waldgelände! – kann man an eindrucksvollen Granitblöcken vorbei zum historischen **Schillerův kámen / Schillerstein** weitergehen.

Rückweg: Zuerst auf der gleichen Route zurück bis zur asphaltierten Forststraße, dort aber gegenüber rechts (grün und Rotpunkt-Markierung des Graselweges) auf wunderschönen Waldwegen zu einem kleinen Fischteich. Hier links auf Forstweg weiter und nahe am großen **Teich Dolní Šatlava** vorbei (leicht erreichbares sandiges Ufer mit interessanter Flora, Beobachtung von Wasservögeln). Kurz danach wird wieder die Kreuzung der Forstwege erreicht (1½ Std., zum Parkplatz Bobovec grün markiert rechts abzweigen).

Zurück nach Slavonice auf der asphaltierten Forststraße (Graselweg, Rotpunkt-Markierung) bis zu deren Rechtswendung. Hier geradeaus zum **Waldteich Dlouhí rybník**, später im freien Gelände rechts halten und zur mächtigen **Fronleichnamskirche** (1280 gegründet). Auf dem Kreuzweg hinab in die Vorstadt zur „Spitalskirche" (von 1414). Nun geradeaus ins Stadtzentrum oder rechts auf Seitenstraße zu den Promenaden am Zlabingsbach und links zurück zum Ausgangspunkt (1 Std.).

Slavonice – Staré Město: Burgruine Landstein und „Dreiländerstein“

Leichte Rundwanderung zur restaurierten und viel besuchten Hochburg bei Staré Město pod Landštejnem / Altstadt (April und Oktober am Wochenende, sonst täglich außer Montag geöffnet); außerdem kurze Route zum Trojmezí / „Dreiländerstein“ (Karte Seite 92).

Route: Landsteiner Straße–„Waldweg“ oder „historischer Weg“ (über Pomezí / Markel)–Landštejn–Ruine–„Höhenweg“ zum Ausgangspunkt; 4 bis 5 km, Seehöhe 600 bis 700 m.

Gehzeit: 1½ bis 2 Std.

Einkehrmöglichkeit: Gasthof bei der Ruine Landstein.

Info: Ausstellungsraum bei der Kassa der Burgruine (Eintrittsgebühr, CS-Kronen mitnehmen!).

Familienwege: Besichtigung der Burgruine (mit Vogelschau) und Rundgang um den Burgberg (1½ Std.); Rundwanderung „Waldweg“ und „Höhenweg“ mit Burgbesichtigung, insgesamt 2 Std.; zum „Dreiländerstein“ in 1 Std.

Zufahrt und Ausgangspunkt – von Slavonice 7 km nach Staré Město pod Landštejnem, dort 1,5 km rechts auf der Landstraße Richtung Landštejn bis zur Kreuzung am Waldrand (auffallendes Wegkreuz, Parkmöglichkeit). Interessant in Staré Město / Altstadt – spätgotische Wehrkirche (in Renovierung), Jüdischer Friedhof (Zufahrt von der Straße Richtung Stálkov links abzweigend, einst im Ort sogar eine Synagoge!).

Tour 56

„Waldweg“ und „Höhenweg“ (1¼ Std.):
Von der Kreuzung am Waldrand unmarkiert rechts um den Bergrücken herum zu einem Abstellplatz (rechts bergab die gesperrte Zufahrt zum Staudamm). Hier zweigt links, anfangs bergauf, ein breiter Forstweg ab. Auf diesem mit Loipenmarkierung geradeaus weiter durch den Hochwald oberhalb des Stausees (Trinkwasserspeicher).
Nach Abkürzungsweg dann asphaltierter Anstieg zur Berghöhe mit Parkplatz zwischen Ortschaft und Burgruine **Landštejn / Land-**

Ruine Landstein

stein (½ Std., Gaststätte, Abzweigung der roten Markierung zum Weiterweg). Links Aufgang zum Burgvorplatz mit Kassa und Ausstellungsraum im Portalgebäude. Besichtigung bis zum Aussichtspunkt auf dem Bergfried äußerst lohnend!

Zurück auf dem „Höhenweg“:Vor dem Burgaufgang (von der Ruine her links, am Zwingertor mit Vogelschau vorbei) rot markiert auf Waldsteig und Forstweg unter mächtigen Felsen zur Landstraße. Diese kurz rechts entlang, dann links abzweigend auf urigem Waldweg über den Höhenrücken weiter (Marienkapelle, Granitblöcke und Schalensteine). Zuletzt entlang der Landstraße zum Ausgangspunkt (¾ Std.).

Tour 57

Zugang auf dem „historischen Weg“ (1 Std.):

Vom gleichen Ausgangspunkt (bei der Kreuzung am Waldrand von Staré Město her) links dem gelb markiertem Fahrweg folgen. Dann im Bogen hinauf nach **Pomezí / Markel** – ehemaliger Burgweiler mit Kirchenruine (Infotafel „Weg der Religionen“) und prächtigem Blick auf die Ruine Landstein. Auf der Landstraße rechts 1 km ins Dorf Landštejn und zur Burgruine (1232 urkundlich genannt, nach Blitzschlag 1771 verödet, Restaurierung seit 1972). Rückweg über den „Höhenweg“ zum Ausgangspunkt wie bei Tour 56.

Ruine Landstein

Tour 58

Zum Trojmezí/„Dreiländerstein“ (mit Rückweg 1 Std.):
Bei der Zufahrt von Slavonice nach Staré Město auf dem Waldsattel zur links abzweigenden Forststraße (Radroute Nr. 1003). Auf dieser geht man, zuerst mehr ansteigend, in weitem Bogen an der Ostseite des Cihadlo/Saßberges 2 km zur Staatsgrenze beim Trojmezí – „Dreiländerstein“ zwischen Österreich bzw. Böhmen und Mähren (diese historische Gliederung innerhalb Tschechiens wurde 1960 abgeschafft). Alte Granitsäule mit aufgesetztem Grenzstein von 1920, unweit davon Grenzstein der Grafen Hoyos von 1825!

Hauptplatz in Telč

Telč – Lhotka: Ruine Stamberk und Míchova skála

Rundwanderung durch die Gipfelwälder der Böhmisch-mährischen Höhe mit dem 837 m hohen Javořice, empfehlenswert vom hochgelegenen Dorf Lhotka aus (Zugang von Telč möglich).

Route: (Telč–Lipky)–Lhotka–Ruine Stamberk–Teich Velky Parezity–Höhenweg–Míchova skála–(Javořice)–Lhotka; 10 bis 25 km, Seehöhe zwischen 520 und 837 m.

Gehzeit: Rundwanderung von Lhotka ca. 3 Stunden, von Telč bis zum Javorice und zurück 7 bis 8 Std.

Einkehr: In Telč und Lhotka, unterwegs keine Möglichkeit.

Info: Infozentrum Telč im Rathaus auf dem Hauptplatz, Wanderkarten und Infomaterial auch bei den Kiosken am Zugang vom Parkplatz; ausführlich im Internet: www.telc-etc.cz

Familienwege: Rundgang durch die Altstadt Telč – das „Mährische Venedig" und UNESCO Weltkulturerbe – samt Schlosspark und Teichpromenaden (1 bis 2 Std.), zur Lindenallee Lipky (½ Std.), von Lhotka zur Ruine Stamberk (¾ Std.), Naturlehrpfad beim Teich Velky Perezity (Zufahrt von Telč über Řásná).

Zufahrt: Dobersberg – Grenzübergang Fratres – Slavonice – Dačice („Geburtsort" des Würfelzuckers, Altstadt mit sehenswertem Schloss) – Telč / Teltsch (zentraler Parkplatz „Slavatovska" mit Gebühr, zwischen Hotel Anton und Tankstelle). Weiterfahrt

zum Ausgangspunkt Lhotka von Telč, vorbei an der sehenswerten Johannes Nepomuk-Kirche (dem ersten ihm noch vor der Heiligsprechung geweihten Gotteshaus Böhmens). Danach folgen noch der Ort Krahulčí und das wegen seiner Granitsteinbrüche bemerkenswerte Mrákotín.

In Telč

Tour 59

Rundwanderung von Lhotka (3 bis 4 Std.):

Vom Dorfanger der 600 m hoch gelegenen Sommerfrische Lhotka rechts zur Abzweigung in das **Naturreservat Stamberk a kamenné moře** („Steinernes Meer" – benannt nach Felsformationen und Blockhalden). Auf dem grün markierten steileren Weg in ½ Std. zur **Ruine Stamberk** (Sternberg, im 13. Jh. erbaut und 1423 zerstört, Infotafel). Davor rechts blau markiert weiter und über malerische Lichtungen (rechts abseits ein Steinbruchgelände) die Anhöhe überschreitend zu einer asphaltierten Forststraße. Auf dieser weiter und rechts haltend nahe dem Teich **Velký Pařezitý rybník** vorbei (im 16. Jh. zur Wasserversorgung von Telč angelegt, von Sumpfflächen und Moorwald umgeben). Nach mehr als ½ Std. von der Ruine folgt die Wegkreuzung Na Průseku (rechts Freibad und Zufahrt von Řásná). Hier links auf grün markierten Forststraßen durch wechselndes Waldgelände (im Hochsommer häufig Roter Fingerhut) zum abgeflachten Höhenrücken mit Abzweigung des Seitenweges zu den **Míchova skála / Mönchsfelsen** (773 m, 1¼ Std.) – einer der beiden Felstürme mit ihrer auffälligen Schichtung ist leicht ersteigbar, Ausblick über die Baumwipfel hinweg bis Telč.

Variante zum Javořice: Auf der über den einförmigen Waldrücken weiterführenden Forststraße gelangt man auf den höchsten Gipfel der an der Europäischen Hauptwasserscheide zwischen Nordsee

und Schwarzem Meer gelegenen Böhmisch-mährischen Höhe, mit dem monströsen Senderturm sogar ein „Tausender“! Am besten von dort zurück zum Hauptweg (zusätzlich ca. ½ Std.).
Rückweg nach Lhotka: Von den Mönchsfelsen auf dem Seitenweg zurück und links die Forststraße entlang, die geradlinig 2 km bis zum Javořice zieht. Besser jedoch auf dem nach einer Rasthütte links abzweigenden Forstweg hinab zu einer asphaltierten Forststraße (Einmündung vom Javořice). Auf dieser links zur Kreuzung bei der originellen Jagdhütte „**Brezova bouda**“, wo man rechts auf der asphaltierten Waldstraße etwas eintönig nach Lhotka kommt. Lohnender daher bei der Jagdhütte auf der asphaltierten Forststraße links abzweigen und bis zur blauen Markierung gehen. Diese rechts entlang, wieder hinauf zur Ruine Stamberk und auf dem weniger steilen rot markierten Weg Abstieg nach Lhotka (1½ Std).

Tour 60

Zwischen Telč und Lhotka (Anschlusswege zu Tour 59, insgesamt 3 Std.):

Roter Fingerhut

In Telč vom Zentralparkplatz „Slavatovska“ auf der Hauptstraße am Hotel Anton vorbei und rechts durch die **Lindenallee Lipky**, dann grün markiert über Hostetice nach Lhotka (1½ Std.).
Von Lhotka kann auch die rote Markierung zwischen **Řásná** (von dort Wasserzuleitung für die Teiche von Telč) und Telč erreicht werden. Dabei kommt man an der **St. Karl-Kapelle** vorbei („Ölbergkapelle“, 1663 am Kalvarienberg erbaut) und kehrt durch die Lindenallee Lipky nach Telč zurück (1½ bis 2 Std.).
Empfehlenswerte Wanderkarte – „Telč a okoli“ 1 : 50 000!

Raabs – Eibenstein: Ruine Kollmitz und Thayatalweg

Naturkundlich und historisch interessante Wege, von Raabs Rundwanderung zur Ruine Kollmitz bzw. Streckenwanderung auf dem Thayatalweg bis Eibenstein; auch zwei Rundtouren oder eine anspruchsvolle, teilweise unmarkierte „Achterschleife" möglich; dazu Promenaden an der Deutschen und Mährischen Thaya.

Route: Raabs–Kollmitzdörfl–Klinger Mausoleum–Ruine Kollmitz–(Sauggern–Seebsbachtal–Raabs)–Thayatalweg–Eibenstein–(Kollmitzdörfl–Ruine Kollmitz–Raabs); 26 km, Seehöhe 400 m bis 620 m.

Gehzeit: insgesamt 8 bis 9 Std. für die „Achterschleife", Streckenwanderung Raabs bis Eibenstein in 4 Std. (ein Fahrzeug in Eibenstein abstellen), von Raabs oder Eibenstein als Rundtour zur Ruine Kollmitz 3½ bis 4 Std.

Einkehr: Jausenstation in der Ruine Kollmitz (von 1. 5. bis 31. 10. bei Schönwetter täglich geöffnet, Auskunft Tel. 02846/7415 oder 0664/615881), Gasthaus in Eibenstein.
Info: Stadtgemeinde 3820 Raabs, Tel. 02846/36520.

Familienwege: Burgruine Kollmitz mit der „Böhmischen Mauer" als Runde von Kollmitzdörfl, über Oberndorf zum Thayatalweg und Rundweg an der Mährischen Thaya, jeweils in 1½ bis 2 Std.

Tour 61

Rundwanderung Raabs – Ruine Kollmitz (3½ bis 4 Std.):
Vom Hauptplatz in Raabs die Hauptstraße entlang und beim Feuerwehrhaus rechts zum Kollmitzsteig. Auf dem rot mit Nr. 630 markierten **Thayatalweg** zu langgestreckten Talwiesen. Auf dem folgenden Waldweg beim Jungfernstein vorbei und ansteigend über die Wirtleiten in eine Ackermulde mit Wegteilung (rechts entlang der Markierung direkt zur Ruine Kollmitz, 1½ Std. von Raabs).
Lohnender jedoch links weiter nach **Kollmitzdörfl**, das rechts haltend durchquert wird. Rot-gelb markiert bis zum Waldrand, dort aber links entlang und von der Ecke schräg rechts durch den Hochwald zum **Klinger-Mausoleum** (520 m, anlässlich einer Familientragödie der Raabser Burgherren 1926/29 erbaut, schöner Ausblick von der Terrasse). Kurz den Weg zurück und auf unmarkiertem Hangweg links den Bergrand entlang, bis der

vorspringende Abbruch der „**Uhufelsen**" erreicht werden kann (Prachtblick auf den Thayabogen, pannonische Flora). Gleich am Rücken auf Steigspuren weiter und vom folgenden Fahrweg wieder links auf dem rot-gelb markierten Waldweg zur „**Böhmischen Mauer**" (erbaut um 1450) und zur **Ruine Kollmitz** (urkundlich im 13. Jh., größte Burganlage des Landes, Zugang durch die gotischen Bauteile, am Felsabbruch Reste der barocken Umbauten, seit 1800 verfallen; interessante Felssteppenflora). Auf dem asphaltierten Fahrweg bergab zur Thayabrücke in Kollmitzgraben (2 Std. von Raabs, links Tour 62 nach Eibenstein).

Rückweg nach Raabs: Nach der Thayabrücke rechts und beim E-Werk von der Straße abzweigend auf Fahrweg hinauf nach **Sauggern**. Durch das Dorf und in der folgenden Mulde geradeaus zum Waldrand. Dort links auf rot markiertem Weg in den Graben hinab zum Seebsbach und diesen entlang, bis ein Steg zu einem Fahrweg quert. Auf diesem ansteigend, wird kurz danach rechts die Abzweigung zum **Thaya-Kamp-Weg** Nr. 631 erreicht. Dieser führt in verwinkelter und anstrengender Routenführung durch das wildromantische **Seebsbachtal** hinaus zur Thaya, über eine eindrucksvolle Aussichtskanzel in das Haupttal und zuletzt über den Thayasteg zum Ausgangspunkt am Kollmitzsteig (mindestens 2 Std.). Die wesentlich einfachere, aber weniger reizvolle Route verläuft nach Querung des Seebsbaches auf dem Fahrweg weiter nach Lindau von dort über den „Agrarweg" zurück nach Raabs (1½ bis 2 Std.).

Tour 62

Kollmitzgraben – Thayatalweg – Eibenstein (2 Std.):

Nach der Thayabrücke in Kollmitzgraben links und über einen niedrigen Sattel zur Haidlmühle. Mit Rückblick auf Klinger-Mausoleum und Uhufelsen zum „**Historikersteig**", der über den nächsten Umlaufrücken hinweg zur Thaya führt und dann in einen Seitengraben ansteigt. Hier links abzweigend zu einem Hangweg und auf diesem hoch über dem Fluss quer durch die „**Kirchleiten**". Vom folgenden Karrenweg am Plateaurand links auf Steig bergab durch den Graben (rechts oberhalb ein aufgelassener Graphitbergbau) zum Talboden. Auf besonders reizvoller Wanderstrecke bei den **Pfinnigsteigmühlen** vorbei, danach über die Thayabrücke und nach **Eibenstein** (Gasthaus; alter Talübergang und Grenzbefestigung, die hoch gelegene Kirche und die Burgruine gegenüber reichen bis ins 12. Jh. zurück).

Tour 63

Von Eibenstein nach Kollmitzdörfl (unmarkiert, nur für geübte Wanderer, 1½ Std.; weiter nach Raabs in 2 bis 3½ Std.):

Von Eibenstein auf der Straße Richtung Raabs bis zur Thayabrücke, hier an der in Gehrichtung rechten Flussseite (von Tour 62 her nach der Brücke links) auf Fahrweg bis zu einem Forsthaus (Schranken). Weiter auf der Forststraße bis in den

Seitengraben am „**Tannholz**". Den Weiterweg vermittelt ein Forstweg, der in der Straßenkehre schräg links voraus abzweigt und in die Wälder der Hochfläche hinaufführt. Dort bei Verflachung scharf rechts abbiegen und nach einer Lichtung aus dem Wald hinaus, anschließend über Feldweg zur Kreuzung am **Hirschbühel**. Hier links kurz auf Asphalt zur Anhöhe und auf dem rechts abzweigenden Fahrweg nach **Kollmitzdörfl**. Wie bei Tour 61 links über Kollmitzgraben auf der längeren Strecke oder geradeaus zum Thayatalweg und direkt nach Raabs.

Tour 64

An der „Deutschen Thaya" (kürzere Runde über Oberndorf in 2 Std., längere Strecke mit Zugang auf dem Kuenringerweg in 3½ Std.):
Vom Hauptplatz in Raabs über die Thayabrücke und an Burg und Pfarrkirche vorbei hinauf nach **Oberndorf**. Hier rechts und von der Friedhofszufahrt links abzweigen (rechts abkürzender Zugang zum Thayatalweg, Zeitersparnis 1¼ Std.). Weiter auf dem **Kuenringerweg** Nr. 611 bis zur hohlwegartigen Zufahrt der Reismühle. Dort links hinauf und auf der Straße rechts weiter, bei der nächsten Kreuzung ins Thayatal hinab zur **Hahnmühle** (417 m, 1½ Std.).

Von der Straße rechts abzweigend folgt nun eine besonders romantische Strecke am **Thayatalweg** – auf promenadenartigem Weg am Fuß steiler Hänge mit bizarren Felsvorsprüngen und mächtigen Baumriesen die ruhig dahinfließenden Thaya entlang (schöner Rastplatz bei einem Kletterfelsen). Nach der Reismühle steil zum Hochflächenrand hinauf, dann wieder bergab zu hübschen Talwiesen und zur Abzweigung eines Seitengrabens Richtung Oberndorf (Einmündung des abkürzenden Zuganges).
Der hier scharf links abzweigende Thayatalweg erklimmt später einen felsigen Bergvorsprung mit dem Rastpavillon „**Plapperthütte**", wieder im Tal angelangt auf Fahrweg zur Brücke in Oberpfaffendorf. Jenseits rechts abzweigen und auf dem Thayatalweg

bald durch idyllische Wälder mit einzelnen Felskanzeln. Dann ganz bequem auf der Waldpromenade weiter und an den Freizeitanlagen mit dem neuen Hallenbad vorbei zur Brücke über die Mährische Thaya und zum Ausgangspunkt (2 Std.).

Tour 65

An der Mährischen Thaya (1 bis 1½ Std.):
Auf einem in Raabs unterhalb der Hauptschule von der Bundesstraße abzweigenden Spazierweg das Tal der Mährischen Thaya entlang bis zum „**Dyksteg**“ und über diesen zu einem Rastplatz. Links führt ein Uferweg Richtung Modsiedl, sehr lohnend bis zu den Thayawiesen und retour (zusätzlich ½ Std.). Vom Rastplatz flussabwärts auf einem Promenadenweg das malerische Ufer entlang zurück nach Raabs.

Burg Raabs

Drosendorf: Zwischen Maria Schnee und Gaberkirche

Ausgedehnte Rundwanderung, teilweise durch das Natura-2000 Gebiet am „Grünen Band" (2011 eröffneter Natura Trail).

Route: Drosendorf–Elsern–Maria Schnee–Thumeritztal–Drosendorf-Altstadt–Julienhöhe–Unterthürnau–(Gaberkirche)–Studentensteig–Drosendorf; 19 km, Seehöhe zwischen 366 m und 450 m.

Gehzeit: insgesamt 5½ bis 7 Std. (oder zwei Runden zu 3 bis 5 Std.)

Einkehr: Gasthof in Drosendorf-Altstadt.

Info: Stadtgemeinde 2095 Drosendorf, Tel. 02915/2213.

Familienwege: Sommer- und Winterpromenade rund um die Stadtmauer, Waldlehrpfad zur Julienhöhe (jeweils ca. 1 Std.), von Unterthürnau zur Gaberkirche (2½ Std., Variante bei Tour 67), Natura Trail 2½ Std.

Tour 66

Über Maria Schnee nach Drosendorf-Altstadt (3 Std.):

Vom Stadtplatz in Drosendorf zum Kreisverkehr, über die Stiege gegenüber und rechts auf den blau markierten „Röhrensteig", einer Waldpromenade zum idyllischen Edelteich. Danach auf Feldweg nach Elsern, bei der Kapelle vorbei zum Teich am Ortsrand. Hier geradeaus ins Ackergelände und bei Abzweigung links weiter, die Hauptstraße und die Bahnstrecke überquerend, zum Waldrand. Vom Parkplatz rechts zur **Wallfahrtskapelle Maria Schnee** (1½ Std.; heilkräftiges „Bründl" mit Löwenkopf).

Zurück zum Parkplatz und auf der Forststraße das Bründlbachtal entlang bis zur Straße nahe der Hirschbergmühle. Diese kurz aufwärts und bei der Kehre auf der rechts abzweigenden Forststraße im **Thumeritztal** weiter (MTB-Strecke, gelb markiert). Nach ca. 1 km vor einer Linkswendung der Straße rechts zu der im Talgrund verlaufenden grünen Markierung hinab (diese kommt über einen Steg vom jenseitigen Ufer her). Diese entlang talabwärts, nach Bachquerung über Wiesenflächen und durch ein Waldstück, danach am Beginn der nächsten Wiese wichtige Abzweigung – rechts blau markiert am Waldrand weiter! Auf hübscher Wegstrecke bis zur Kirche in **Drosendorf-Altstadt** (1½ Std., ältester Siedlungsteil aus dem 11. Jh., Gasthof „Zur Hammerschmiede“; Weiterweg zu Tour 67 auf der Straße rechts). Abkürzender Rückweg nach Drosendorf entlang der roten Weitwander-Markierung in 20 Min. hinauf zum Ausgangspunkt.

Tour 67

Natura Trail über Julienhöhe und Studentensteig (2¾ Std.):
Vom Gasthaus „Zur Hammerschmiede“ in Drosendorf-Altstadt (vom Drosendorfer Kreisverkehr entlang der roten Markierung in ¼ Std. erreichbar) auf der Straße 0,5 km bis zur Abzweigung des Waldlehrpfades und hinauf zur **Julienhöhe** (420 m, ½ Std., Rastpavillon, üppige pannonische Flora). Weiter nahe dem Pla-

Burg Hardegg

teaurand und rechts haltend zu einer Forststraße, auf dieser links bis zum Waldrand. Dort geradeaus auf altem Karrenweg hinab ins Tal und über die Thayabrücke nach Unterthürnau (½ bis ¾ Std.).
Variante zur Gaberkirche (2½ Std.): In Unterthürnau geradeaus weiter durch den urigen Gaberwald, den Gaberbach mehrfach auf Trittsteinen überschreitend! Zuletzt auf Forststraße links hinauf zur Gaberkirche (Kapelle einer 1327 urkundlichen und im 16. Jh. verödeten Burganlage). Anschluss zum Weiterweg am Waldrand oberhalb von Autendorf entlang (Golfplatz) und über den Waldrücken der Neusiedel auf Forstweg ins Thayatal kurz flussaufwärts von **Unterthürnau**.
Rückweg nach Drosendorf: In Unterthürnau links zum rot markierten „**Studentensteig**" und nach der Seitengasse (Anschluss der Variante von der Gaberkirche, rechts einbiegend) die Thaya entlang. Von den später folgenden Talwiesen Blick zur Altstadt-Pfarrkirche und auf die Burgstadt Drosendorf. Die Markierung verläuft leider innerhalb des Waldrandes und erst später wieder reizvoll auf einem schmalen Steig oberhalb der Thaya. Nach diesem etwas anspruchsvolleren Wegstück – durch einen steilen Waldhang mit Felsstufen und teils urwaldartigem Baumwuchs – geht es zuletzt zwischen Talwiesen und Feldern zur Thayabrücke und steil zur Stadt hinauf (1¾ Std.).

Nationalpark Thayatal: Rund um Hardegg

Rundwanderung vom Nationalpark-Informationszentrum hinab zur Thaya und auf alpin wirkenden Steiganlagen über die felsigen Talhänge rund um das romantische Städtchen Hardegg.

Route: Nationalparkzentrum–Hennerweg–Einsiedlerweg–Gabrielensteig–Hardegg–Hardegger Warte–(Nationalparkhaus Čižov)–Hardegg–Maxplateau–Reginafelsen–„Hardegger Vorstadt"–Kirchensteig–Nationalparkzentrum; 16 km, Seehöhe zwischen 420 m und 285 m.

Gehzeit: insgesamt 5 bis 6 Std.

Einkehr: Gasthöfe in Hardegg.

Info: Nationalpark Thayatal, 2082 Hardegg, Tel. 02949/7005; Infotafeln im Gelände.

Familienwege: Hennerweg vom Nationalparkzentrum (bis 1½ Std., auch mit Kinderwagen); Tour 68 vom Nationalparkzentrum, Tour 69 und 70 von Hardegg aus, jeweils ca. 2 Std.

Tour 68

Einsiedlerweg und Hardegg (2¼ Std.):

Vom Nationalparkzentrum zuerst auf dem beschilderten **Hennerweg** zur Aussichtskanzel, am Weiterweg auf den Einsiedlerweg abzweigen. Im Wald oberhalb des Ochsengrabens bergab bis zur Kreuzung mit dem **Thayatalweg**. Hier geradeaus weiter, wobei man von Lichtungen am Bergrücken (entstanden durch Schlägerung von nicht standortgerechten Bäumen) in den typischen Hangmischwald kommt.

Teilweise in einem Hohlweg zum Rand der Talwiesen mit eindrucksvollem Blick zu den Felshängen jenseits der Thaya. Ein kurzer Walddurchgang führt zur Wiese beim „**Einsiedlerfelsen**" (sagenumwobene Reste einer mittelalterlichen Einsiedelei, als Mauerwerk hoch oben in der vielfach mit Felsen-Steinkraut bewachsenen Wand erkennbar). Stimmungsvoller Rastplatz auf der Felsplatte am Ende des Ufersteiges! Ein Stück auf demselben Weg zurück bis zur hinauf zur Bergkante weisenden markierten Abzweigung des Einsiedlerweges. Nach diesem Anstieg werden Aussichtskanzeln mit prächtigem Blick auf die Thaya und Hardegg erreicht, dann den breiten Waldrücken entlang zur Einmündung in den Thayatalweg. Rechts entlang des rot markierten Weitwanderweges Nr. 607 + 630 nach einer wenig geneigten Hangquerung über den mit Geländern abgesicherten **Gabrielensteig** steil hinab zum Thayaufer und dieses entlang zur Grenzbrücke in **Hardegg** (1½ bis 2 Std.; Einkehrmöglichkeit beim Nationalpark-Heurigen).

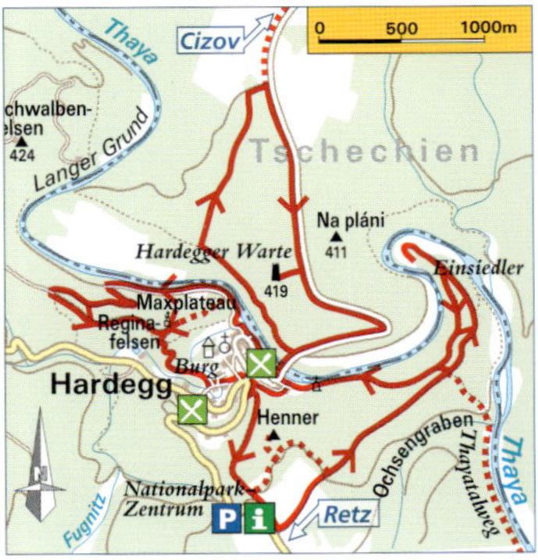

Rückweg zum Nationalparkzentrum (bzw. für Tour 72 nach Merkersdorf): Von der Grenzbrücke direkt über den Mühlweg zum Sattel beim Stadtturm. Dorthin auch (mit Stadtbesichtigung) von der Thayabrücke auf der Hauptstraße weiter. Vor dem Hauptplatz durch die Doktorgasse zur Pfarrkirche mit Karner und links weiter zum Uhr- oder Stadtturm (vorher Einkehrmöglichkeit „Burgstuben"; Abzweigung zur Burg mit Ausstellungen; Bau der Hochburg bereits im 12. Jh., nach Verfall 1878 erneuert). Nach dem Stadtturm links auf den „**Kirchensteig**" abzweigen, steil ansteigend mit Rückblick auf die Burg Hardegg zur Straße am Waldrand der Hochfläche und zum Nationalparkzentrum (½ bis

Thayalauf im Nationalpark

¾ Std.). Entlang der Asphaltstraße, vorbei an den Bildstöcken „Kurze“ und „Lange Marter“ noch 2 km bis Merkersdorf (1 Std. von Hardegg).

Tour 69

Zur Hardegger Warte (lohnender Rundweg in ca. 2 Std.; Grenzübergang frei, Reisepass trotzdem mitnehmen!):
Über die Grenzbrücke (geöffnet vom 15.4. bis 2.11. zwischen 8 und 20 Uhr) und gleich nach dem tschechischen Grenzposten links abzweigend auf dem grün markierten Steig durch felsige Steilhänge und am Flussufer entlang. Dann durch einen Seitengraben mit teilweise urwaldartigem Waldbestand zur Asphaltstraße bei Na Keplech hinauf (1 Std.; auf dieser links 2 km zum Besucherzentrum in Čižov mit Rest des „Eisernen Vorhangs“, geöffnet von April bis Oktober zum Wochenende, Juni bis August täglich; gleicher Rückweg, zusätzlich insgesamt 1 Std.).
Auf dieser „Radfahrerstraße“ rechts weiter zur markierten Abzweigung des Seitenweges zur **Hardegger Warte** (½ Std.): Überaus lohnender Blick ins Thayatal und auf Hardegg, typische Flora auf Felssteppen und Einblick in die urwaldartigen Mischbestände der felsigen Steilhänge und Blockfluren! Zurück zur Straße und bergab zur Grenzbrücke in Hardegg (½ Std.), Weiterweg wie bei Tour 70 oder abkürzender Rückweg zum Nationalparkzentrum wie bei Tour 68.

Thayabrücke in Hardegg

Hardegg-Blick vom Einsiedlerfelsen

Tour 70

Maxplateau und Reginafelsen (steile, aber sehr lohnende Runde am Felsrand des Hardegger Talkessels mit hervorragenden Ausblicken, 1½ bis 2 Std.):

Von der Grenzbrücke zum Hauptplatz und geradeaus über die Fugnitzbrücke weiter, am Brandlesturm der mittelalterlichen Stadtbefestigung vorbei zum „Alten Badeplatz“ an der Thaya. Nun links abzweigend auf dem steilen, aber leicht begehbaren „Christbaumsteig“ (Weg Nr. 3 a) über die mit Felsstufen und Blockhalden bedeckten schattigen Waldhänge hinauf zum **Maxplateau** (ca. ¾ Std., Senderanlage; weniger interessant ist der Aufstieg über den Forstweg, vom Thayatalweg Nr. 630 links abzweigend, bequem in 1¼ Std.). Abstieg über die südseitigen Steilhänge, vorbei an einer Kanzel mit Felsfenster und pilzförmigen Steinformationen aus hartem Kalksilikatgestein. In Kehren hinab zur Abzweigung des Gratsteiges zum **Reginafelsen** mit eindrucksvollem Tief- und Ausblick (die Burg Hardegg allerdings nicht von der „Schauseite“). Zurück zum Hauptweg und weiter steiler Abstieg zum Fugnitzbach in der „Hardegger Vorstadt“ (rechts zum Gasthaus „Hammerschmiede“) mit Anschlusswegen hinauf zum **Stadtturm** am Sattel des Burgberges, Weiterweg zum Nationalparkzentrum wie bei Tour 68.

Nationalpark Thayatal: Merkersdorfer Rundweg und Thayatalweg

Rundwanderung hinab ins Thayatal, gut ausgebaute und markierte Wege, Anschlussroute nach Hardegg und zum Nationalparkzentrum als Rundtour. Der schönste „Naturerlebnis-Wanderweg“ im Nationalpark Thayatal – zum Umlaufberg und zur Irisblüte auf dem „Überstieg“!

Route: Merkersdorf–Ruine Kaja–Thayatal–Umlaufberg (Talweg oder „Überstieg“, Abzweigung auf dem Thayatalweg nach Hardegg)–Fischersteig–Merkersdorf; 9 km, Seehöhe zwischen 406 m und 271 m.

Gehzeit: 2½ bis 3 Std.; auf dem Thayatalweg nach Hardegg als große Rundtour (bis zu 5 Std.).

Einkehr: Keine Möglichkeit.

Info: Siehe Hardegg!

Familienwege: Von Merkersdorf zur Ruine Kaja (insgesamt 1 Std.).

Tour 71

Merkersdorfer Rundweg zum „Überstieg“ (2½ bis 3 Std.):
In Merkersdorf (406 m) von der Ortsmitte beim Gasthof „Zur Forelle” durch die Seitengasse (Bauernmarkt, nostalgischer ehemaliger Greißlerladen) hinab in das Tal des Kajabaches. Über die Brücke und zu der auf einem Felssporn ragenden **Ruine Kaja** (urkundlich 1196, Bau des 15. Jh., im Sommer sonntags 10 bis 18 Uhr zu besichtigen). Dann vom Fahrweg scharf links auf dem rot markierten **Thayatalweg** Nr. 630 abzweigend hinab in den Waldgraben mit besonders im Frühjahr üppigem Blütenflor. Das Thayatal wird bei breiten Uferwiesen erreicht (271 m), hier links flussaufwärts weiter. Überraschender Blick talab zur Ruine Neuhäusl, die über dem Umlaufrücken

der tschechischen Talseite („Stallfirst" genannt) zuerst rechts, später links auftaucht! Den Fluss entlang zur Abzweigung auf den „**Überstieg**" (bei Weiterweg nach Hardegg abkürzend direkt über diesen Sattel weitergehen). Hier bleibt man unterhalb der Felswand neben der Thaya und kommt zu den weitflächigen Wiesen am „Gleithang" der Talschlinge (hübsche Flora mit u. a. Federgras, gegenüber der felsige „Prallhang"). Später am bewaldeten Ufer um den **Umlaufberg** herum zur Hardegger Seite des „Überstiegs". Dieser in wenigen Minuten steilen Aufstiegs erreichte Sattel des Umlaufberges (2 Std.) bietet einen hervorragenden Rastplatz mit Tiefblick auf die Thaya und sollte unbedingt besucht werden!

Umlaufberg und „Überstieg": An dieser Stelle wird das Bergmassiv durch die beiderseitigen Flussschlingen zu einem schmalen, von Felsabbrüchen begrenzten Kamm eingeschnürt, der sich zum 378 m hohen, von der Thaya in weitem Bogen umflossenen Umlaufberg fortsetzt. Das Gelände ist auch für Nichtbotaniker ein Blütentraum! Neben der Anfang Juni blühenden Bunt-Schwertlilie (Bild Seite 116) noch weitere äußerst bemerkenswerte, pannonisch geprägte Flora.

Rückweg nach Merkersdorf: Vom Sattel auf der Hardegger Seite bis zur Abzweigung des Steiges hinauf in den steilen, von Felsblöcken durchsetzten Hangwald. Der als Merkersdorfer Rundweg markierte „**Fischersteig**" (früher Zugang der Fischer zur Thaya, auch

Thayablick vom „Überstieg“

„Granitzsteig“ genannt) steigt steil mit kurzen Kehren zu einem Rastplatz am Plateaurand auf. Nun im flacheren Gelände weiter bis zum Waldrand, auf dem Güterweg hinaus in die Felder, bei Wegteilung aber geradeaus auf Fahrweg zum Waldrand und hinunter zum Ortsgebiet von Merkersdorf (ca. 1 Std.).

Tour 72

Thayatalweg nach Hardegg (von Merkersdorf 2½ bis 3½ Std., gesamte Rundwanderung 4 bis 5 Std. je nach Seitenwegen):
Von Merkersdorf wie bei Tour 71 direkt auf dem Thayatalweg in ca. 1 Std. (oder um den Umlaufberg herum in 2 Std.) auf den „**Überstieg**“. Vom Sattel am nordwestseitigen Waldhang in Richtung Hardegg steil zur Thaya hinab und auf dem rot markierten Steig das dicht bewaldete Ufer flussaufwärts entlang. Öfter über Blöcke, ab und zu etwas rutschig und bei Hochwasser mühsam ausweichend (neuerdings durch Hangstege entschärft), eine der romantischesten Strecken auf diesem Weitwanderweg! Nach etwa ¾ Std. wird die Wiese bei der Ausmündung des Ochsengrabens erreicht – eine blumenbunte Fläche mit niedriger Terrassenstufe und malerischem Flussufer. Hier führt der Weg links aufwärts und durch den Hangwald zu einem flachen Rücken mit Kreuzung am **Einsiedlerweg**. Nun wie bei Tour 68 in ¾ Std. nach Hardegg (über den „Einsiedlerfelsen“ zusätzlich ½ Std.), Aufstieg zum Nationalparkzentrum und zurück nach Merkersdorf.

Narodni Park Podyji: Zum „Obelisken" bei den Ledove Sluje / „Eishöhlen"

Wanderung durch das Thayatal bei Frain / Vranov und auf den Bergrücken mit dem „Obelisken", Zugang von Hardegg als Variante.

Route: Hammer / Zadni Hamry–Vranovska Brana–„Obelisk"; 7 km, Seehöhe zwischen 312 m und 445 m.

Gehzeit: insgesamt ca. 2 ½ Std. (von Hardegg 4 Std.).

Einkehr: in Frain / Vranov.

Info: Infotafeln im Gelände, www.ouvranov.cz

Familienwege: Zum Mäander im Thayatal und zum „Obelisken", 1 bis 2 Std.

Ausgangspunkt Vranov nad Dyji: Grenzburg des 11. Jh., barocker Bau 1665 durch J. B. Fischer von Erlach (Besichtigung sehr lohnend!); Stausee als „Mährische Adria" (Schwellbetrieb, seit 1935). **Zufahrt** über Znaim, von der Hauptstraße Richtung Jihlava (38) abzweigend über Lesna (408 + 398).

Tour 73

Rundwanderung von Vranov (2½ Std.):

Vom Hauptplatz auf der Seitenstraße durch das Thayatal bis „Hammer"/Zadni Hamry (beschränkte Zufahrt bis zum beschil-

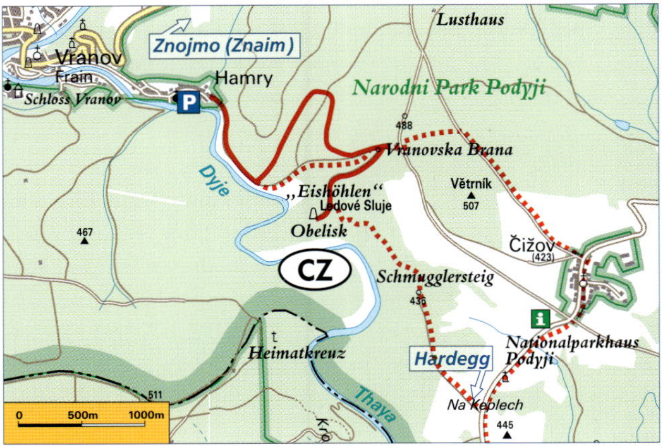

Schloss Frain

derten Parkplatz). Vom Nationalpark-Eingang auf asphaltierter Forststraße um die felsige Bergecke in den breiten Talbogen der Thaya mit einem niedrigen, einst vom Fluss bergseitig umflossenen Waldhügel – **Opusteny meandr Dyje** (durch die Erosion durchbrochener Flussbogen, Infotafel). Hier scharf links und in weitem Bogen auf einem rot markierten Karrenweg durch den mit Blockwerk und urwaldartigem Baumbestand erfüllten Seitengraben. Nach kurzer Forststraße (Radweg) rechts halten (Quelle) und um den Bergrücken herum. Auf einem Steig dann zum asphaltierten ehemaligen Grenzkontrollweg bei **Vranovska Brana** (445 m). Der rot-gelb markierte Weiterweg führt zu einem vorspringenden Rücken mit Talblick und zum Sattel des Bergrückens **Ledové Sluje / „Eishöhlen“ oder „Eisleiten“** – im Granit-Gneis-Massiv seltene Höhlenbildungen unter instabilen Blockmassiven, in deren Hohlräumen sich Eisbildungen über den Winter hinaus halten (Begehung wegen des gefährlichen Geländes nicht gestattet). Hier rechts abzwei-

Bunt-Schwertlilie

Grenze am ehemaligen „Eisernen Vorhang" (bis 1989)

gend auf Steig über den mit Felstürmen besetzten Waldkamm zum „**Obelisken**", einem um 1860 anlässlich der Wegerschließung errichteten Denkmalturm (ca. 1¼ Std., Infotafel und Rastplatz). Beim Rückweg von **Vranovska Brana** direkter Talabstieg auf dem asphaltierten ehemaligen Grenzkontrollweg zum Talbogen und das Tal entlang zurück zum Ausgangspunkt.

Tour 74

Zugang von Hardegg (nur für geübte Wanderer, insgesamt 4 Std.): Von der Grenzbrücke auf der „Radfahrerstraße" Richtung Čižov und bei Na Keplech links abzweigend auf dem markierten **Schmugglersteig / Paseracka Stezka**, zuletzt mit entsprechender Vorsicht durch das felsige Gelände der Thayatalhänge, zum Sattel mit Abzweigung zum Obelisk. Möglicher Rückweg über Vranovska Brana und Čižov in langwieriger Hochflächenwanderung (Gehzeit 4 Std.).

Narodni Park Podyji: Novy Hradek / Ruine Neuhäusl

Leichte Waldwege zur eindrucksvollen Doppelruine mit hervorragender Aussicht über die Umlaufberge des Thayatals.

Route: Podmoli–Waldteich „Zlebsky"–Rastplatz „Pricky"–Ruine Neuhäusl (gleicher Rückweg); einfache Strecke 4 km, Seehöhe zwischen 400 m und 351 m.

Gehzeit: insgesamt ca. 3½ Std.

Einkehr: keine Möglichkeit.

Info: Infotafeln im Gelände, im WEB: www.novy-hradek.eu

Familienwege: Von der Straße zwischen Podmoli und Lukov abzweigend zum Waldrand bei „Pricky" (beschränkte Zufahrtsmöglichkeit), zur Ruine 30 bis 40 Min.

Ausgangspunkt Podmoli: Zufahrt durch Znaim / Znojmo, von der Hauptstraße Richtung Jihlava (38) noch im Stadtgebiet links abzweigend nach Hradiste (Pöltenberg) und weiter über Masovice. Wanderung von Lukov aus nicht empfehlenswert, ebenso der Zugang von Hardegg über Lukov (einfache Strecke ca. 3½ Std. und gleicher Rückweg).

Ruine Neuhäusl: Aus Ringburg des 12. Jh. mit doppelter Ummauerung und ab dem 14. Jh. ausgebauter „Vorburg" bestehend, Hochlage auf dem Ostroh / Stallfirst genannten Umlaufrücken gegenüber dem Umlaufberg bei Merkersdorf. Nur bei Öffnung der Ruine lohnend – Mai bis August täglich, September nur am Wochenende, 10 bis 18 Uhr (nur Führung in Gruppen, Mittagspause).

Tour 75

Zugang von „Pricky" oder Podmoli (1½ bis 3½ Std.):

Die Vorburg

Im Ortsgebiet von Podmoli nach Straßenkreuzung noch um die Kurve, dann links in eine Seitengasse (Parkmöglichkeiten). Die Route führt grün markiert im Waldgelände durch ein Seitental zum Teich **„Zlebsky Rybnik"**. Hier rechts abzweigend auf dem markierten Weg (nicht auf der Asphaltstrecke!) wieder auf die Hochfläche beim Waldrand von **„Pricky"** (Einmündung der Route von Lukov über die ehem. Grenzkontrollstraße). Nun auf der Forststraße weiterhin grün markiert durch die Wirtschaftswälder der Nationalpark-Außenzone bis zu dem gegen die Thaya vorspringenden Hochflächenrand (einen Bogen geradeaus abkürzend). Dann den Rücken entlang weiter bergab zur mächtig über dem Halsgraben aufragenden Wehrmauer, aber Ausblick erst im Inneren der Burgruine (ca. 1½ Std.; zurück auf derselben Route).

Die Doppelburg Neuhäusel um 1830

Narodni Park Podyji: Weingarten Sobes und Sealsfield-Stein

Abwechslungsreiche Rundtour in das Thayatal bei den ehem. „Neunmühlen“ / Devet Mlynu und zum Aussichtspunkt beim Sealsfield-Stein / Sealsfielduv Kamen.

Route: Havraniky–Bastuv Mlyn–„Tal der Neun Mühlen“–Sobes–Thayatalweg–Sealsfield-Stein / Sealsfielduv Kamen–Popice–Havraniky; 13,5 km, Seehöhe zwischen 230 m und 375 m.

Gehzeit: insgesamt ca. 4 Std.

Einkehr: Ausschank im Weingarten Sobes.

Info: Infotafeln im Gelände, im WEB: www.nppodyji.cz

Familienwege: Von Havraniky ins „Tal der Neun Mühlen“, von Popice zum Sealsfield-Stein, jeweils 1½ bis 2 Std.

Zufahrt: Von Retz zum Grenzübergang Mitterretzbach / Hnanice und Richtung Znaim / Znojmo bis Havraniky (links abzweigen und am oberen Ortsende Parkmöglichkeit bei der Nationalpark-Unterkunft).

Tour 76

Rundwanderung von Havraniky (4 bis 4½ Std.):

Auf einem Fahrweg in Verlängerung der Ortsstraße (nicht links gehen!) ins freie Gelände hinaus, wo die Radroute (5000-gelb/blau) und der Wanderweg (rot markiert) verlaufen. Dort links über die Heideböden mit pannonischer Flora zu einer Infotafel (Wegteilung). Auf einer der anschließenden markierten Routen durch das Waldgelände bald bergab zu einer Asphaltstraße und rechts hinab ins Thayatal zum ehemaligen Elektrizitätswerk bei der **Bastuv Mlyn** (ca. ½ Std.). Zum Weingarten Sobes nun links gelb-rot markiert die Thaya entlang zum Rastplatz am Stauwehr mit der Infostelle **„Devet Mlynu“** (1497 urkundlich „Neunmühlen“, nach 1945 im Grenzsperrgebiet „liquidiert“). Gleich danach rechts über eine Hänge-

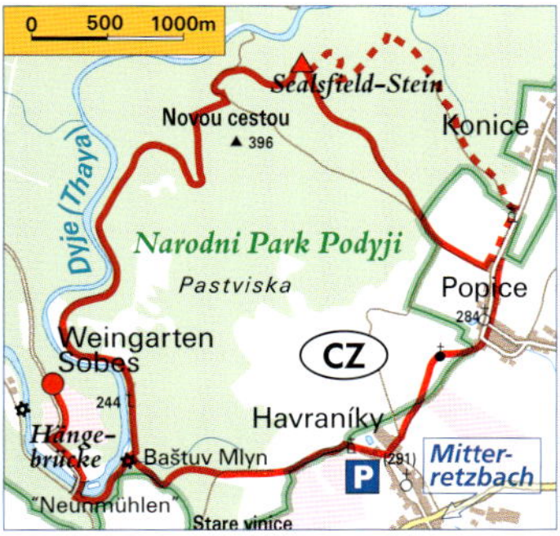

Hängebrück bei Sobes

brücke zu den jenseitigen Uferwiesen von „Pod Sobesem“. Durch einen Hohlweg hinauf zu den Weingarten-Terrassen am **Sobes** (Ausschank von Riesling-Sorten, Infotafel; zurück auf demselben Weg bis zur Bastuv Mlyn, insgesamt ca. 1 Std).

Weiterweg von der Bastuv Mlyn nun gelb markiert entlang der Thaya talabwärts bis zum Wehr einer ehemaligen Mühle

Sealsfield-Stein

(„Papirna"), anschließend durch Hochwälder mit Blockhalden („Kamenna more", Infotafel) unter hohen Granitfelsen über dem Fluss dahin. Dann vom Geländepunkt „Pod Novou Cestou" Anstieg bis zu einer Mulde der bewaldeten Hochfläche. Nach scharfer Linksbiegung in wechselnder Neigung weiter bis zum Felsrand beim **Sealsfield-Stein** (ca. 1½ Std.) – Talblick auf den vor Errichtung des Nationalparks für ein Kraftwerk vorgesehenen Standort Byci Skala, Infotafel über den berühmten Dichter Charles Sealsfield alias Karl Postl.

Nun scharf rechts abzweigend auf dem grün markierten Weg in südöstlicher Richtung weiter (auch Radroute 5001-gelb/grün markiert; längere Variante auf dem grün markierten Wanderweg durch das Trauznitzsk-Tal). Später auf einer Forststraße und zuletzt an Weingärten entlang zum Ortsrand von **Popice / Poppitz** (ins 13. Jh. zurückreichende barock umgebaute Sigismundkirche, neben dem Pfarrhof das Geburtshaus von Charles Sealsfield). Hier gleich rechts auf der Wander- und Radroute weiter (Achtung auf überraschend auftauchende Mountainbiker!), durch die folgende Mulde und an einer Marienkapelle vorbei, dann über eine Anhöhe wieder nach **Havraniky** (ca. 1 Std.).

Heiligenstein mit Kellergasse

Zöbing: Schönberg und Flusslehrpfad

Abwechslungsreiche Rundtour an den Ausläufern des Manhartsberges und auf dem Kamptalweg.

Route: Zöbing–Heiligenstein–Hohlenstein–Ruine Schönenburg–Schönberg–Flusslehrpfad–Zöbing; 10,5 km, Seehöhe zwischen 211 m und 380 m.

Gehzeit: insgesamt 3½ bis 4 Std.

Einkehr: Gasthof in Schönberg.

Info: Tourismusservice Ursin Haus 3555 Langenlois, Tel. 02734/2000.

Familienwege: Vom „Silberörtl" in die Kellergasse und auf den Heiligenstein, auf dem Flusslehrpfad nach Schönberg und Rückfahrt mit dem „Busserlzug" (1889 eröffnete Kamptalbahn), jeweils 1 bis 1½ Std.

Tour 77

Über den Heiligenstein nach Schönberg (2½ Std.):

In Zöbing (211 m) über die Kampbrücke und links bis zum „**Silberörtl**". Dort rechts zur **Kellergasse „Am Heiligenstein"** und am Weinlehrpfad eben weiter bis zur Querung der roten Markierung. Diese entlang aufwärts zum „Weinbergkreuz" und links zur nur sonntags geöffneten **Kamptalwarte auf dem Heiligenstein** (351 m, ¾ Std.).

Zurück bis zum „Weinbergkreuz" und nach Linkswendung des Fahrweges geradeaus gelb markiert bis zu einem querenden Güterweg. Nun entlang der blauen Markierung zu einer Forststraße und durch ein Hochtal mit Äckern und Weingärten, bei Abzweigung der Markierung aber geradeaus weiter bis zur nächsten Kreuzung. Hier links zu einem Sattel am **Hohlenstein** (ca. 1 Std.). Auf dem asphaltierten Güterweg kurz bergab und gleich wieder rechts zur **Ruine Schönenburg** mit anschließendem Abstieg nach **Schönberg** (226 m, ¾ Std.; an der Kirche vorbei rechts zum Gasthof Schonenburg, links über die Kampbrücke zu Tour 78 bzw. zur Bahnhaltestelle).

Ruine Schönenburg: Die hochragenden Mauerreste, umgeben von den im Juni blühenden Königskerzen erinnern an eine Sage – in Kriegsnot wurde der goldene Leuchter des Rittersaals vom Kastellan in den Burggraben geworfen, um ihn nicht den Feinden zu überlassen. Das Schloss sank in Trümmer, aber aus dem Schutt erheben sich immer wieder goldene Blütenkerzen, verzweigt wie einst der kostbare Leuchter!

Tour 78

Auf dem Flusslehrpfad nach Zöbing (1 Std.):

Von der Kampbrücke in Schönberg (ungewöhnliche Nepomukgruppe) flussabwärts den markierten Uferweg entlang. Bei Schönberg-Neustift über einen Steg ans andere, von einem schmalen Auwaldstreifen mit teils mächtigen Baumriesen begleitete Ufer. Vom Zöbinger Flussbad an auf dem Mühlweg zum Ausgangspunkt bei der Kampbrücke in Zöbing (1 Std.).

Beim „Königskerzen-Schloss" Schönenburg

Schönberg: Stiefern und Klopfhartsberg

Rundwanderung „zwischen Wein und Wald" mit vielfach üppiger pannonischer Flora.

Route: Schönberg–(Variante Schönenburg und Höhenweg)–Kalvarienberg–Stiefern–Jagerkreuz–(Irrbling)– Kellergasse–Schönberg; 9 km, Seehöhe zwischen 226 m und 430 m.

Gehzeit: ca. 3 Std. (mit Varianten bis zu 5½ Std.).

Einkehr: Gasthaus in Stiefern.

Info: Gemeindeamt 3562 Schönberg, Tel. 02733/8227.

Familienwege: Von Schönberg auf den Kalvarienberg (½ Std.) oder zur Ruine Schönenburg („Königskerzenschloss" von Tour 77 in ¾ Std.). Über den Kalvarienberg oder mit der Bahn nach Stiefern und Rückweg auf dem Kamptalweg (1½ Std., siehe Tour 85).

Tour 79

Über den Kalvarienberg nach Stiefern (¾ bzw. 2¼ Std.):

Vom Marktplatz in Schönberg (Parkmöglichkeit) links zur Kreuzung an der **„Urlaubung"** (Figurengruppe von 1772). Von hier durch den Hohlweg hinauf zum Sattel am **Kalvarienberg** (oberhalb die Kreuzigungsgruppe, sehr schöne Aussicht). Auf dem Fahrweg mit den Bildstöcken des Kreuzweges hinunter zur Straßenkreuzung in **Stiefern** beim Gasthof Haimerl (¾ Std., Donnerstag Ruhetag).

Tour 80

Über den Höhenweg nach Stiefern (2 ¼ Std.):

Vom Marktplatz in Schönberg rechts in der Neustifter Straße bis zu einer barocken Bildsäule und links durch die Seitengasse „Am Schloßberg" ansteigend zur **Ruine Schönenburg** (25 Min., siehe auch Tour 77). Oberhalb links auf der Höhenweg-Forststraße weiter, den felsigen Einschnitt des Weißentals querend (nicht rechts abzweigen!), bis nahe der „Großen Heide" die Manhartsbergstraße erreicht wird. Geradeaus weiter zur **Hubertuskapelle** (1½ Std. von der Ruine). Auf dem Forstweg weiter zur roten Markierung, links zum Satteleinschnitt am **Kalvarienberg** hinunter und weiter nach Stiefern.

Schönberg am Kamp

Tour 81

Klopfhartsberg und Irrbling (2 bis 3 Std.):
Vom Gasthof Haimerl über den Kamp zur Kirche von Stiefern hinauf und rechts zur Thürneustifter Straße. Vor deren Berganstieg aber links auf der ansteigenden unmarkierten Forststraße weiter. Durch malerisches freies Gelände mit vielfältiger pannonischer Flora, zuletzt im Wald hinauf zum Sattel **„Am Jagerkreuz"** (1 Std.). Kurz davor nördlich ansteigend kommt man zum Aussichtspunkt am **Klopfhartsberg** (430 m, zusätzlich 20 Min.).
Variante zum Irrbling: Man nimmt bei der leicht verwirrenden Wegkreuzung „Am Jagerkreuz" die Abzweigung ganz links und folgt einem Fahrweg den Rücken entlang, zurück auf demselben Weg (zusätzlich ½ bis ¾ Std., pannonische Flora, u. a. Diptamblüte Anfang Juni).

Von der sternförmigen Wegkreuzung „Am Jagerkreuz" auf dem leicht links etwas bergan führenden Fahrweg weiter. Immer links haltend (aber nicht in den Graben abzweigen!) zu einem asphaltierten Güterweg. Dieser führt zwischen Weingärten, Waldrändern und Böschungen mit Trockenrasen dahin und erreicht dann, von hohen Lösswänden gesäumt, die Kellergasse und bei der Kampbrücke die Hauptstraße in Schönberg. Geradeaus weiter zum Ausgangspunkt am Marktplatz (ca. 1 Std.).

Diptam

Stiefern

Horn – Rosenburg – Gars: Kamptalweg und „Busserlzug"

Streckenwanderung durch das untere Kamptal; insgesamt eine sehr sportliche Leistung, dazwischen aber immer wieder Rückfahrt mit der „Busserlzug" genannten Kamptalbahn möglich!

Route: Horn–Rosenburg–Kamptalweg–Gars / Thunau–Buchberg–Oberplank–Stiefern–Schönberg–Zöbing; 35 km, Seehöhe zwischen 240 m und 420 m.

Gehzeit: 8 bis 9 Std.

Einkehr: Gasthöfe oder Heurigenlokale in den Talorten.

Info: Tourismusverband Kamptal, 3550 Langenlois, Tel. 02734/2000.

Familienwege: Einzelne Teilstrecken bis 2 Std. Gehzeit; vom Ort Rosenburg zum Schloss, von Thunau auf den Schanzberg, jeweils 1½ Std.

Tour 82

Von Horn nach Rosenburg (1½ bis 2 Std.):
Vom voraussichtlichen Endpunkt der Tour mit der Bahn nach Horn (Auskunft Bahnhof Horn Tel. 02982/2314). Dort ins Stadtzentrum zum **Höbarth-Museum**, gleich daneben beginnt die rot markierte Wanderroute auf dem Thaya-Kamp-Weg Nr. 631. Durch das **Taffatal** zumeist im Wald bis zur Straße vor Rosenburg, hier gleich rechts auf Weg Nr. 663 zum Elisabeth-Kircherl (von 1908) und bergab zum Bahnhof in Rosenburg.

Tour 83

Rosenburg – Gars – Buchberg (2½ bis 3¾ Std.):
Im Ort Rosenburg neben der Eisenbahnbrücke über den Kampsteg und rechts aufwärts zur „**Zwergllucken**". Nun auf Steig zum **Schloss Rosenburg** (354 m, 20 Min.; Führungen und Greifvogel-Schau, Tel. 02982/2911). Gelb markiert hinab zum Kamptalweg, neben der Bahn nach **Stallegg** und auf Fahrweg bis **Kamegg**. Nach einer Asphaltstrecke folgt ein Steig zwischen Felsrand und Bahn, dann geht es ins Ortsgebiet von **Gars** und links über die Brücke zum Hauptplatz (1¼ Std.; Einkehr in der „Kurkonditorei" Ehrenberger, sehenswerter „Kräuterbrunnen"). Mit Aufblick zur Gertrudenkirche und zur Babenbergerburg (Residenz des Markgra-

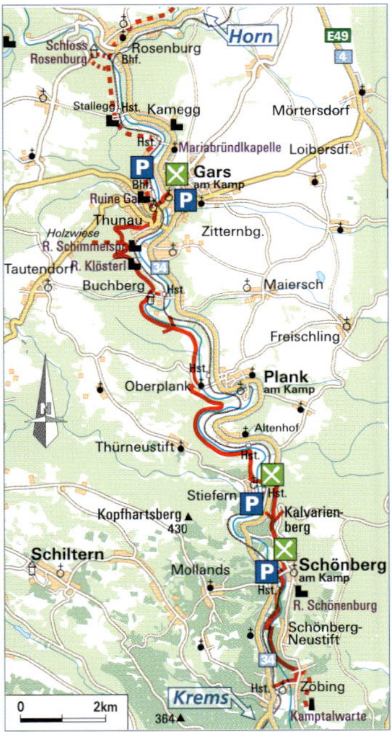

fen Leopold II. 1075 bis 1095) wieder über die Kampbrücke zurück, weiterhin noch im Tal bleibend durch **Thunau.**

Variante über den Schanzberg (2 Std. von Gars nach Buchberg): Von der Schimmelsprunggasse rechts blau markiert in die Goldberggasse, links auf dem „Wurzelweg" zur Bergwiese am Felsabbruch und rechts auf Seitenweg zur Holzwiese mit der archäologischen Stätte **„Slawischer Fürstensitz auf der Garser Schanze"** (Infotafeln). Zurück zum Bergrand und den Hang entlang auf schmalem Steig zur **Ruine Schimmelsprung.** Der Markierung nach hinab in einen Seitengraben und zur Einmündung in den Kamptalweg.

Der moderne „Busserlzug" (Brücke 1889)

Direkter Weiterweg von Thunau auf dem Fahrweg mit Blaupunkt-Markierung des Kamptalweges unter den Schimmelsprungfelsen vorbei und ansteigend zur **Ruine Klösterle**. Auf Waldweg um den Bergrücken herum, dann bergab zum **Schloss Buchberg**. Weiterweg auf dem Kamptalweg (Tour 84) oder links am Schlossportal vorbei durch die Allee zur Bahn-Haltestelle Buchberg.

Tour 84

Von Buchberg nach Stiefern (1¾ Std.):

Beim **Schloss Buchberg** rechts abzweigend hinab zum Kamp (Blaupunkt-Markierung) und sehr reizvoll den Fluss entlang. Der Rad- und Wanderweg führt später die Feldraine und Hecken der Talweitung entlang, zuletzt durch einen Hohlweg hinan zur Tautendorfer Straße und nach **Oberplank**. Im Ort auf Güterweg rechts abzweigen (Flusslehrpfad), ansteigend zur nächsten Bergecke und hinaus in den freien Flussbogen. Nahe der Eisenbahnbrücke hinab zum Kamp und die Auwiesen unter dem felsigen Talhang entlang. Zuletzt durch einen Hohlweg zur Stieferner Kellergasse mit bemerkenswerter Lösswand und weiter zur Kirche in **Stiefern**. Oder gleich auf Abkürzungsweg zur Kampbrücke und Bahn-Haltestelle beim Gasthof Haimerl.

Ruine Schimmelsprung

Tour 85

Weiterweg nach Schönberg und Zöbing (2 Std.):
Von der Stieferner Kirche rechts haltend hinunter zum Stiefernbach und links durch die Irrblinggasse zur Bahnübersetzung nahe einer renovierten Eisenbahnbrücke. Weiter auf dem Rad- und Wanderweg, sehr hübsch zwischen Irrblingwand und Kamp, zuletzt im Bogen zur Bundesstraße und gleich hinein nach **Schönberg** (1 Std.).
Variante über den Kalvarienberg (¾ Std.): In Stiefern über die Kamptalstraße und der Kamptalweg-Markierung nach auf den Kalvarienberg (Aussichtspunkt rechts abseits). Durch den anschließenden Hohlweg mit weiteren Bildsäulen bergab nach Schönberg zum Gasthof Schonenburg und zur Kampbrücke (¾ Std.).
Von der Kampbrücke in Schönberg (ungewöhnliche Nepomukgruppe, nahe die Bahnstation) flussabwärts den **Flusslehrpfad** entlang. Bei Schönberg-Neustift über einen Steg ans andere Ufer, vom Zöbinger Flussbad an auf dem Mühlweg zur Kampbrücke in **Zöbing** und zur Bahnstation (1 Std.).

Rosenburg – Stift Altenburg: Kamptalweg nach Steinegg

Naturkundlich hervorragende Rundwanderung im Kamptal oberhalb von Rosenburg, gut markierte Wege an den Talhängen und durch Hochflächenwälder.

Route: Rosenburg–Bründlleiten–Steinegg–Ödes Schloss–Rosenburg; 13,5 km, Seehöhe zwischen 266 m und 440 m.

Gehzeit: insgesamt 5½ Std.

Einkehr: Gasthof Dunkler in Steinegg.

Info: Gemeindeämter 3573 Rosenburg, Tel. 02982/2917, und 3591 Altenburg, Tel. 02982/2765.

Familienwege: Von Rosenburg / Rauschermühle zum Kampwehr und „Hängenden Stein", vom Stift Altenburg zum „Öden Schloss" (jeweils insgesamt 1 ½ bis 2 Std.).

Ausgangspunkt Rosenburg: Kraftwerk bei der Rauschermühle, Zufahrt vom Ort Rosenburg (von der Schlossstraße vor der Kampbrücke abzweigen, beschränkte Parkmöglichkeit) oder Zugang vom Schloss Rosenburg (von der Kehre der Zufahrtsstraße auf markiertem Weg; auch Zugang von der Bahnstation Rosenburg über das Schloss möglich, 50 Min., auf der Straße ½ Std.).

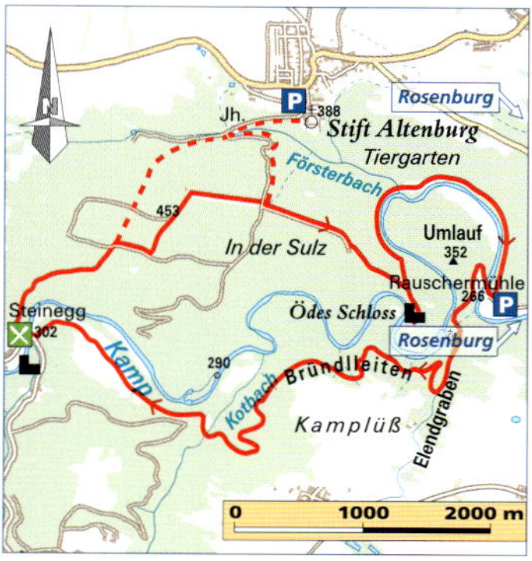

Ausgangspunkt Stift Altenburg: Einstieg in die beschriebene Route möglich und besonders empfehlenswert! Vom großen Parkplatz beim Stift rot markiert Richtung Steinegg bis zum Jagdhaus, dort auf der linken Forststraße unmarkiert zum „Öden Schloss" und weiter wie bei Tour 87 zur Rauschermühle. Am Rückweg von Steinegg rot markierter Anschluss zum Stift (Waldweg mit altem Steinkreuz).

Schloss Rosenburg

Tour 86

Von Rosenburg nach Steinegg (2¾ Std.):

Beim **Kraftwerk Rosenburg** (266 m) über den Kamp (Einmündung der roten Markierung vom Schloss) und links gleich bergauf zum Sattel am Umlaufberg. Der rot und grün markierte Weiterweg führt zu einer ersten Felskanzel, und vom folgenden alten Fahrweg im Elendgraben quert man rechts auf einem Steig den Bach und kommt auf Seitenweg zum **„Hängenden Stein"**. Weiter oben auf Forstweg rechts zur Wegteilung an der Bergecke. Hier rechts rot markiert auf Steig und später Forstweg durch die **Bründlleiten** mit reizvollen Ausblicken von den Felskanzeln. Der Weiterweg führt durch sehr abwechslungsreiches, vorwiegend bewaldetes Gelände (Achtung auf die Markierungen!) und bietet

Bei Steinegg

auch geologische und botanische Besonderheiten (Serpentingestein und ein nur darauf vorkommender Streifenfarn, später u. a. Knöllchen-Steinbrech, gelb blühendes Silber-Fingerkraut und das seltene weiße Felsen-Fingerkraut). Auf etwa halber Strecke mündet von Wanzenau her eine Forststraße ein (ca. 1½ Std.), und nach weiteren interessanten Wegstellen folgt ein „Promenadenweg", zu dem schon der Kamp heraufrauscht. Auf diesem zuletzt hinaus ins freie Gelände und einen blumenreichen Rain entlang zur Kampbrücke in **Steinegg**, über diese zum Gasthof Dunkler (302 m, 1¼ Std.).

Tour 87

Von Steinegg nach Altenburg oder Rosenburg (ca. 2½ Std.):
Gegenüber dem Gasthaus rot markiert mit Nr. 606 + 620 neben einem Keller hinauf zur Terrassenfläche und rechts in den Wald, wo der Weg im Bogen den Plateaurand und die erste Kreuzung der Forststraßen erreicht (460 m, geradeaus markiert zum Stift Altenburg). Hier rechts rot markiert Nr. 620 ziemlich eben durch die Mischwälder **„In der Sulz"**, später links bis zur Kreuzung mit Einmündung des Forststraßen-Zuganges vom Stift Altenburg. Rechts (in östlicher Richtung) weiter, geradeaus allmählich berg-

Kampblick von der Bründlleiten

ab zur Bergecke mit Abzweigung zum „Öden Schloss“ (320 m, 1½ Std.).

Ruine „Ödes Schloss“ (kaum 10 Min. Seitenweg, herrlicher Rastplatz): Rechts abzweigend auf einen Waldweg und über die ehemaligen Burggräben und Vorwälle im Linksbogen auf den Rücken des Kleinen Umlaufberges mit der Ruine; im 13. Jh. urkundlich erwähnt als Burg „Stein am Kamp“, 1396 im Besitz des Stiftes Altenburg abgebrochen, eindrucksvolle Reste der Umfassungsmauer.

Zurück zur Abzweigung und auf der Forststraße, rot Nr. 620 markiert, bergab bis nahe ans Kampufer. Hier links weiter bis zur Einmündung des von Altenburg kommenden Försterbaches. Die aufgeforsteten Talwiesen entlang und bald auf einen hübschen Waldsteig, der über Geröll und an Felsstufen vorbei den Kampbogen ausgeht. Das Ufer des hier nur spärlich wasserführenden Flussbetts entlang (Ableitung für das bereits 1907 errichtete Kraftwerk Rosenburg, allenfalls Vogelbeobachtungen!). An Resten der Altenburger Tiergartenmauer und einer Hofruine vorbei bis zum Ende der Wanderung bei der Rauschermühle (1 Std.).

St. Leonhard am Hornerwald: Idolsberg und Kamptalweg

Rundtour über den Horner Wald und durch das Kamptal, markierte Steige und Fahrwege, im Höhengelände sonnig.

Route: St. Leonhard–Wilhalm–Idolsberg–Wegscheid–Steinegg–St. Leonhard; 23 km, Seehöhe zwischen 302 m und 582 m.

Gehzeit: 5 bis 6½ Std. je nach Variante.

Einkehr: Gasthöfe in Steinegg und St. Leonhard.

Info: Marktgemeinde 3572 St. Leonhard am Hornerwald, Tel. 2987/2220.

Familienwege: Zufahrt von Steinegg über Fuglau nach Krug und zur Ruine Schauenstein (Schlüssel zum Bergfried in Krug erhältlich), von Steinegg zur Ruine Steinegg, Gehzeit jeweils ½ Std.

Tour 88

Von St. Leonhard nach Wegscheid (2¾ Std.):

Von der Leonhardskirche (582 m) über die Ortsstraße bergab und geradeaus bis zum Siedlungsende. Die rote Markierung Nr. 358 (diese verläuft bis Wegscheid) führt über die Anhöhe, zuletzt links haltend, zum asphaltierten Güterweg beim Haus Teichleiten. Auf diesem zum Landhaus bei der ehemaligen Teichmühle (auch Brauneckmühle genannt, Weg Nr. 61). Danach links voraus unmarkiert von der Straße abzweigen und über die Wiese zu einem kleinen Seitengraben mit dem alten Kirchensteig hinauf nach **Wilhalm** (1 Std., unter der Dorfkapelle bemerkenswerte Brunnenstube).

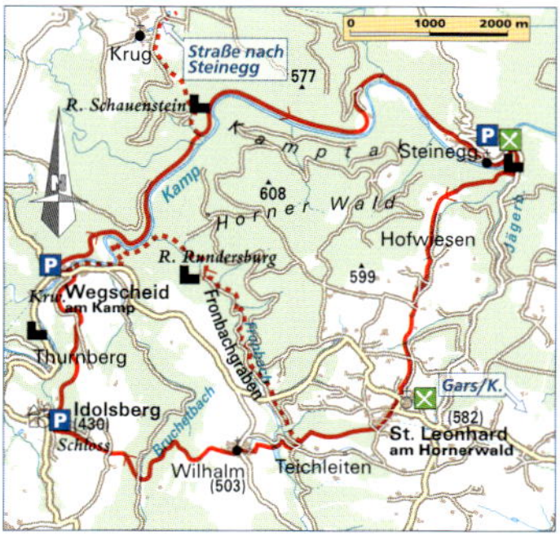

Neben der Kapelle auf der oberen Ortsstraße hinaus ins freie Gelände am **„Bigl“** (Aussicht auf Altpölla jenseits des Kamptals), auf dem rechten Fahrweg weiter und über den steinigen Waldhang bergab in den tiefen

Bruchetbachgraben (460 m). Hier bei der Abzweigung aufpassen! Gleich wo der Fahrweg die Talsohle erreicht hat (Mauerreste), scharf rechts durch die stark verwachsene Senke und über den Bach zur Forststraße queren, die nach Wegscheid führt. Auf dieser nur kurz rechts und mit Markierung Nr. 72 hinauf zu einem Waldweg, über den die Bergfelder erreicht werden. Geradeaus weiter (bei querender Asphaltstraße nur wenige Meter rechts die Wegfortsetzung) und zuletzt in einem Waldgraben nach **Idolsberg** (430 m, 1 Std., Geschäft geschlossen, kein Gasthaus).
Beim Kriegerdenkmal vorbei hinunter zur Wegteilung im Graben und rechts rot markiert auf Weg Nr. 72 weiter. Im später folgenden Wald geradeaus (nicht rechts den steilen Fahrweg hinauf!) bis zur Bergecke, wo rechts ein etwas verwachsener Steig hinaufführt. Auf diesem den Bergrücken entlang aufwärts und links am Plateaurand zu den „**Felsen**" – großartiger Aus- und Tiefblick über die beim Kampknie von Thurnberg aufragende Felsformation (mit typischer, pannonisch beeinflusster Trockenhang- und Felsvegetation). Nach der dritten Felskanzel rechts auf Waldweg zu einer Wiese, diese rechts umgehen und auf später asphaltiertem Fahrweg hinab nach **Wegscheid** (345 m, ¾ Std.).

Ruine Schauenstein und Kamp

Hochfläche zwischen Kamp und Krems

Tour 89

Zwischen Wegscheid und Steinegg
(2½ Std., anschließender Aufstieg nach St. Leonhard 1¼ Std.):
Von der Kampbrücke in Wegscheid durch die Grünanlage zur barocken Ortskapelle (Parkplatz) und den roten Markierungen des Kamptalweges Nr. 620 entlang. Der Fahrweg folgt zuerst den Terrassenböden, später näher am Fluss dem immer mehr eingeengten Kamp. Nach dem einmündenden Betzbach Aufblick zur **Ruine Schauenstein**, Wegteilung auf der folgenden Wiese mit Mühlenruine (¾ Std., links abzweigender Aufstieg auf Weg Nr. 52 in ½ Std. zur Ruine mit prachtvoller Aussicht über das Kamptal).
Bald danach geht es in schroffes Waldgelände, und der Hangsteig windet sich durch immer steileres Blockwerk (Amphibolitfelsen mit Granateinschlüssen, auch auf Felsplatten und Sandbänken am Kampufer, danach Gesteinswechsel zu hellerem, plattig-splittrigem Granulit). Am Flussufer schöne Rastplätze! Nach dieser romantischen **Durchbruchstrecke des Horner Waldes** folgen im allmählich wieder breiteren Kamptal idyllische Uferwiesen und ein Fahrweg zur Ruine der Reithmühle. Von dort links ansteigend in den Hangwald und bei Wegweiser (Achtung!) rechts abzweigend auf Steig zur **Nepomuksäule** auf den Felsklippen (großartiger

Tiefblick auf die Kampschlinge). Der an den Steilrand anschließende Hangsteig senkt sich in den Schlapfengraben hinab und durchquert dann in ständig wechselnder Neigung die mit Felsstufen durchsetzten Waldhänge. Bei den nächsten Talwiesen besser abseits der Markierung am Wiesenrand weiter zu einem links haltenden Fahrweg. Bei den ersten Häusern Markierungstafel zu einem Wiesenweg – im Mai eine Pracht von Pechnelken und Wiesen-Glockenblumen! Von der Kapelle an auf der Straße zum **Gasthof Dunkler in Steinegg** (302 m, 1½ bis 2 Std.).

Aufstieg nach St. Leonhard: Von der Kampbrücke in Steinegg zuerst die Straße entlang, gegenüber dem nächsten Haus aber rechts hinauf zum Sattel hinter der **Ruine Steinegg** (urkundlich 1210, im 15. Jh. zerstört, romanische Baureste). Links weiter zu einer Forststraße, diese kurz rechts aufwärts und noch am Rücken gleich links hinauf durch einen alten Hohlweg. Eine rote Markierung leitet steil zur Hochfläche mit dem ersten Gehöft (480 m). Nun gemütlicher auf Fahrweg durch die **Rotte Hofwiesen** und von einer Kreuzung an auf Asphalt bis zum Forsthaus auf der Palthöhe. Danach links haltend weiter in den seichten Jägerbachgraben und weiter ansteigend nach **St. Leonhard** (1¼ Std.).

Zwischen Steinegg und St. Leonhard

Rastenfeld: Ottensteiner Stausee und Purzelkamp

Zwei gut markierte Rundwanderungen im „Kamptal mit und ohne Stau", im Tal reizende Waldwege, verbunden mit Überschreitung der freien Hochflächen.

Route: Rastenfeld–Ottensteiner Stausee–(Schloss Ottenstein)–Peygarten–Rastenfeld–Purzelkamp–Burg Rastenberg–Rastenfeld; 20,5 km; Seehöhe zwischen 500 m und 589 m.

Gehzeit: insgesamt 5 bis 6 Std.

Einkehr: in Ottenstein (Schloss und Erholungszentrum), Rastenfeld und Rastenberg.

Info: Gemeindeamt 3532 Rastenfeld, Tel. 02826/289.

Familienwege: Vom Ottensteiner Stausee zum Schloß Ottenstein (1 Std., siehe Variante bei Tour 90). Von der Straßenbrücke über den Purzelkamp wie bei Tour 91 zur Burg Rastenberg und links auf der Straße zurück zum Ausgangspunkt (1 bis 1½ Std.).

Tour 90

Ottensteiner Rundwanderung (2¾ bis 4 Std.):
Vom Marktplatz in **Rastenfeld** (579 m) neben dem Gasthof Kainz-Granser in die Seitengasse, zweimal rechts abzweigen, auf dem Rundwanderweg Nr. 80 über die Streifenfluren zur Zwettler Bundesstraße und diese kurz bergab zur **Stauseebrücke** (Ausblick links über den aufgestauten Purzelkamp und rechts zur Ruine Lichtenfels). Vom rechts davor angelegten Parkplatz (Markierung Nr. 620 + 606 und Rundweg Nr. 80) auf Waldsteig steil zu einer Bucht am Stausee hinab und später vom Ufersteig abzweigend über einen Sattel zur nächsten Bucht mit dem Bootsanlegeplatz. Dort besser nicht nach der Markierung ansteigen, sondern gleich am Ufer weiter zum Promenadenweg. Auf diesem weiter zum Terrassencafé am **Ottensteiner Stausee** (505 m, 1 ½ Std.).
Variante zum Schloss Ottenstein (insgesamt ca. 1 Std.): Einfacher Zugang über die 2007 eröffnete „Fußwegbrücke" über die Talsperre zum Schloss! Jenseits auf Wander- und Fahrweg den Stausee entlang und durch das Waldgelände zur Hochfläche. Weiter zum Meierhof und zum Parkplatz beim Schloss (505 m, Ein-

kehrmöglichkeit, romanische Schlosskapelle). Zurück auf der gleichen Strecke.

Am Parkplatz vorbei (Zugang zur Kapelle und zur „Fußweg-brücke" über die Staumauer, Abzweigung zur Variante Schloss Ottenstein) und nach Überquerung der Bundesstraße auf markiertem Waldsteig zum **Erholungszentrum Ottenstein.** Hier rechts auf dem Gehsteig nach **Peygarten** und nach der Straßenbiegung auf altem Rundwanderweg ins freie Feld der Flur „Kohlstatt" abzweigen. Dann über die flache Anhöhe zu den nach Rastenfeld führenden Güterwegen. Nach der Bundesstraßen-Überbrückung rechts herum oder in einem Häuserdurchgang zurück zum Marktplatz (1 bis 1½ Std.).

Tour 91

Rundwanderung Purzelkamp und Burg Rastenberg (2¼ Std.):
Wie bei Tour 90 vom Marktplatz in **Rastenfeld** in die Seitengasse, nun aber geradeaus und beim Rastplatz links (Waldviertler Kul-

Burg Lichtenfels

Burg Rastenberg

turpfad Nr. 665, rot markiert) hinunter zur Brücke über den Purzelkamp. Vorher links auf dem „Mühlsteig" (später Rundwanderweg Nr. 81) das idyllische Tal entlang zur **„Schöpfermühle"** – Weiterweg im Tal durch Felsmauern leider versperrt! Daher auf der Asphaltstraße im Seitengraben aufwärts und vor einer Brücke rechts abzweigend zu einem Forstweg (Weg Nr. 81), der wieder ins Tal hinunterführt. Am vielfach verblockten Purzelkamp entlang führt dann der **„Burgsteig"** bald sehr idyllisch weiter. Man gelangt zur Straße (links zum Gasthaus) und rechts über die Brücke zur Abzweigung der weiterführenden Forststraße (520 m, 1½ Std.).

Unterhalb der Burg Rastenberg talaufwärts zur **Hofmühle** (Künstlerwohnsitz) und zum Waldrand, wo rechts eine Furt über den Purzelkamp führt. Hier scharf links auf einem Waldweg mit gewaltigen Baumriesen unmarkiert hinauf zur **Burg Rastenberg** (589 m, 20 bis 30 Min.; Privatbesitz, kein Museum, Seminarbetrieb): Romanische Hochburg aus dem 12. Jh. über dem Felsabsturz gegen den Purzelkamp vollständig erhalten, an der Südseite Seitenweg zu einem stimmungsvollen Aussichtsplatz am „Burgsteig".

Rückweg nach Rastenfeld: Auf der Burgzufahrt hinunter zur Straße, kurz rechts und bei der Kapelle links auf Asphalt zur Berghöhe, wo der ehemalige „Burgsteig" links weiterführt (Steinsäule und Wegkreuz). Zwischen Feldern mit Ausblick auf Rastenfeld weiter, dann auf Karrenweg durch eine Waldmulde. Auf der vom „Mühlsteig" heraufkommenden Asphaltstraße rechts bergan in die Ortschaft und zum Marktplatz von **Rastenfeld** (¾ Std.).

Senftenberg: Heimliches Gericht und Schanzriedel

Rundwanderung beiderseits des Kremstales oberhalb von Senftenberg, gemütliche Wege und zwei Höhepunkte auf überragenden felsigen Bergkämmen.

Route: Senftenberg/Botental–Eichleithen–(„Heimliches Gericht")–Brandtal–(Kremstalweg–Botental)–Königsalm–Ölgraben–Herzogentisch–(Schanzriedel)–Poberkreuz–Senftenberg; 17,5 km, Seehöhe zwischen 275 m und 585 m.

Gehzeit: insgesamt 5¼ Std. (auch kürzere Varianten mit ca. 3½ Std.).

Einkehr: unterwegs keine Möglichkeit.

Info: Gemeinde 3541 Senftenberg, Tel. 02719/23 19.

Familienwege: Rundgang in Senftenberg über Ruine und Pfarrkirche (1¾ Std.).

Zufahrt durch das Ortsgebiet von Senftenberg bis zur Abzweigung der Straße Richtung Reichau in Botental (275 m, Parkmöglichkeit; rechts gelb markiert zur Königsalm für Tour 93).

Tour 92

Über das „Heimlichen Gericht (als Rundweg in 3 Std.):
Von der Kreuzung in **Botental** die Reichauer Straße ca. 500 m entlang und auf der Sportplatz-Zufahrt bis zur folgenden Kehre. Hier geradeaus auf Forstweg mit Markierung rot-blau und Weitwanderweg Nr. 606 den Hang der **Eichleithen** hinan. Zuletzt durch eine mit Blöcken gesäumte Wegstelle zum Waldsattel auf der Berghöhe (560 m, ¾ bis 1 Std.).

Zum „Heimlichen Gericht" (unbedingt lohnender Seitenweg zum eindrucksvollen Felsgipfel, Zeitaufwand insgesamt ca. ¾ Std.): Auf einem Karrenweg rechts (östlich) den Bergrücken entlang und vom Umkehrplatz auf Steigspuren über den bewaldeten, schon teilweise mit Blöcken besetzten Kamm zum Gipfelpunkt (585 m, ca. ¼ Std.).

Blick auf Senftenberg

Kurz vor dem Vermessungszeichen bei kleinem Wegweiser rechts (südlich) steil und etwas verwachsen über eine Blockstufe hinab und hinaus auf die weit über die Waldhänge vorspringenden Riesenblöcke mit eindrucksvoller Aussicht. Von diesem Felsturm sollen einst die zum Tode Verurteilten in die Tiefe gestoßen worden sein! Auf gleicher Strecke zurück zum Waldsattel.

Variante – als kurze, aber anspruchsvolle Rundwanderung von ca. 2½ Std. Abstieg entlang der Markierung über den urig-felsigen Bergkamm zum Ausgangspunkt in Botental, nur für sichere Geher!

Vom Waldsattel auf der Berghöhe weiter zur Wegteilung am Waldrand (587 m). Hier rechts auf der Forststraße in weitem Bogen durch das **Brandtal** zügig bergab zur Kehre auf einer Wiesenterrasse über dem Kremstal. **Abkürzender Rückweg** – hier rechts gelb markiert durch das Kremstal in ½ Std. zurück zum Ausgangspunkt. Oder für Tour 93 links weiter zur **Königsalm** (305 m, ¾ bis 1 Std.).

Tour 93

Rundwanderung über den Schanzriedel (insgesamt 3¼ Std.):

Im Anschluss von Tour 92 oder auf dem Talweg von Senftenberg/Botental bei der **Königsalm** auf der Straße Richtung Gföhl kaum 500 m bis zur Abzweigung der „**Ölgrabenstraße**". Auf dieser blau markiert in weitem Bogen hinauf zur Hochfläche und später vorbei an markanten Kletterfelsen durch das Waldgelände der Kienau. Durch die folgende Waldmulde („Herzogentisch" der ÖK) und über eine Anhöhe blau markiert zu einem Rastplatz mit Aussicht über Stift Gottweig zu den Voralpen (540 m, 1 bis 1½ Std.). Kurz danach rechts die rot markierte Abzweigung zum Schanzriedel.

Schanzriedel (kurzer Abstecher zu einem felsigen Seitenkamm als zweiter Höhepunkt dieser Tour, zuletzt etwas Gehsicherheit erforderlich, einfache Strecke ca. 20 Min.): Auf dem Forstweg leicht bergab bis zu einem Sattel, wo ein Steig über den Kamm weiterführt und eine Felskanzel erreicht (Ausblick zum folgenden Gipfelpunkt und in das Kremstal mit der wilden Gamsmauer). Nun steiler Abstieg auf schmalem, aber gut gangbarem Steig in eine Scharte und zuletzt mit Sicherungen hinauf zum felsigen Gipfelpunkt (508 m, befestigte Höhensiedlung von der Jungsteinzeit bis ins frühe Mittelalter).

Hangsteig im Kremstal

Zur Forststraße zurück und auf dieser weiter bergab, nach der nächsten Kehre aber auf grün markiertem Abkürzungsweg geradeaus hinunter zu einer Wiesenmulde. Bei der folgenden Waldecke leicht rechts rot und grün markiert weiter, bald an einem Gehöft vorbei zum **Poberkreuz** (445 m). Hier auf dem Weg ganz rechts am Waldrand zurück, vor dem dort ansetzenden Badergraben links grün und rot markiert auf steilem Weg hinunter zu einer Forststraße. Diese leitet zur Straße bei Senftenberg, an der entlang man rechts 0,5 km zum Ausgangspunkt in Botental zurückgeht (1¼ Std.).

Albrechtsberg: Großes und Kleines Kremstal

Landschaftlich wie sportlich hervorragende Rundwanderung durch beide Kremstäler und über die Hochfläche, beim „Höhlensteig" sogar alpines Gelände!

Route: Hartenstein–Gudenushöhle–(Höhlensteig und Teufelsrast)–Krems-Zwickl–Großes Kremstal–(Els–Weißes Kreuz oder Albrechtsberg)–„Brauhaus"–„Millas Zauberweg"–Albrechtsberg–Weißes Kreuz–Marbach–Kleines Kremstal; 17 km bzw. 20,5 km, Seehöhe zwischen 450 m und 750 m.

Gehzeit: 6½ Std. (mit Varianten 7¾ Std.).

Einkehr: Gasthöfe in Els und Albrechtsberg.

Info: Gemeinde 3613 Albrechtsberg, Tel. 02876/258.

Familienwege: „Millas Zauberweg" in Albrechtsberg (besonders empfehlenswert!), Geologischer Lehrpfad zur Gudenushöhle bei der Burg Hartenstein und zum Krems-Zwickl, zur „Teufelsrast" von Purkersdorf, jeweils 1 bis 2 Std.

Zufahrt von Weißenkirchen in der Wachau über Weinzierl Richtung Albrechtsberg bis zur Bushaltestelle Hartenstein an der Brücke über die Kleine Krems zwischen Maigen und Purkersdorf, davor rechts zum Parkplatz der Burg Hartenstein (Kuenringerfeste des 12. Jh., 1896 bis 1938 Kuranstalt, Privatbesitz, kein Zutritt).

Tour 94

Hartenstein–Krems-Zwickl–Großes Kremstal (1 Std., nach Albrechtsberg 2 Std.):

Vom Parkplatz Hartenstein rot markiert auf dem Talfahrweg (Geologischer Lehrpfad, auffallend rosafärbiger Marmor) zur jenseits des Baches sich im Burgfelsen öffnenden **Gudenushöhle** (Funde von Knochen eiszeitlicher Tiere und menschliche Spuren bis zurück in die Altsteinzeit, Informationstafel). Gleich danach folgt die Abzweigung zu den Höhlen auf der Dürrleiten (siehe Tour 95). Zwischen den Abbrüchen der Teufelskirche und dem ver-

Burg Hartenstein

„Rosstümpelsteg“

blockten Bach weiter zum **Krems-Zwickl**, der Talgabelung mit dem Stauweiher des Kraftwerkes Hohenstein. Links Weiterweg auf der Forststraße neben der unter den „Wotansfelsen“ gischtenden **Großen Krems** und an der Einmündung des „Höhlensteiges“ vorbei (Aufblick zur Teufelsluckenhöhle). Von der breiten Forststraße rechts abzweigend, über den seitlich einmündenden Gillausbach zur **Wegteilung beim „Hasenfleck“** (1 Std.; links abkürzende Routen – über Gillaus nach Albrechtsberg in ca. 1 Std. oder über Els zum Weißen Kreuz auf Tour 97 in 1½ Std.), weiter im Kremstal wie bei Tour 96.

Tour 95

Über den „Höhlensteig“ (überaus interessante alpine Steiganlage, stellenweise sehr steil und etwas abschüssig, nur für sichere Geher, bei Nässe unangenehm; 1½ bis 2 Std.):

Gleich nach dem Steg zur **Gudenushöhle** vom Fahrweg links blau markiert abzweigen. Den Waldhang hinan, an einem ehemaligen Marmorsteinbruch vorbei und hinauf zur **Eichmayer-Höhle**. Weiter steil aufwärts zu dem ein wenig abseits der Markierung gelegenen „**Steinernen Saal**“ (riesiges Felsdach aus dunklem Amphibolitgestein). Kurz zurück zum Hauptweg und hinaus zu einem Sattel mit urigen Eichen und Idealblick auf die Burg Hartenstein, am Waldhorizont die Kirche St. Johann bei Großheinrichschlag.

Auf der blauen Markierung weiter zur Wegteilung an der Bergecke der **Dürrleiten**.

Variante zur „Teufelsrast“ (teilweise weglos, aber äußerst lohnend, zusätzlich 30 bis 40 Min.): Die Felswand entlang weiter bergauf, dann aber nicht mit der blauen Markierung rechts hinaus, sondern links auf Steigspuren zu einem Aussichtsplatz oberhalb des Felsabbruches. An einem Riesenblock zwischen Föhren vorbei, weiter gerade hinauf zu einem etwas verwachsenen Querweg (spärliche gelbe Markierung) und links zur Wegteilung. Hier auf dem rechten Karrenweg um die Waldkuppe herum, zuletzt leicht steigend zur aussichtsreichen Felskanzel „Teufelsrast“ (von Purkersdorf auf bequemerem Weg erreichbar). Auf dem Karrenweg zurück zur Kreuzung, jetzt links in den vorher begangenen Querweg und zur Wegteilung an der Bergecke mit Einmündung der blauen Markierung.

Der nun gelb markierte Steig quert links in den von Felsen überwölbten Waldsteilhang. Bei einem Vorsprung mit Höhlennischen zunehmend steiler hinab, ein Stück sogar ein Drahtseil entlang, bis zu einem waagrechten Steig mit Wegteilung (Markierungstafeln). Hier zweigen die mit Metallleitern und Drahtseilen gesicherten Steiganlagen zu den Höhlen ab – **Schusterlucke** und **Teufelslucke** (bereits 1125 als „Teufelskirche” urkundlich genannt,

Der „Steinerne Saal“

unter dem Felsüberhang der seltene Zarte Streifenfarn, der seinen Wasserbedarf nur aus der Luftfeuchtigkeit entnimmt). Vom waagrechten Steig bei Markierungstafel weiterer Abstieg im dicht bewachsenen Gelände zur Forststraße im Talgrund der **Großen Krems** (1½ Std.).

Albrechtsberg mit Schloss

Tour 96

Großes Kremstal – „Brauhaus" – Albrechtsberg (ca. 2 Std.):
Beim „**Hasenfleck**" rechts auf dem rot-606 markierten Weitwanderweg das dicht verwachsene und stellenweise morastige Große Kremstal entlang. Bei der Einmündung einer Forststraße von Gillaus her (blau markiert, „Pfarrerweg" als ehemaliger Kirchenweg zwischen Els und Felling) auf dem Forstweg weiter und rechts über den zum Schutz vor Hochwasser hoch gebauten „**Saghäuslsteg**". Über den folgenden „**Rosstümpelsteg**" wieder ans andere Ufer mit einem schmalen Steig gegenüber der Roten Wand. Die Markierung führt nun über unwegsamen Geländestellen ansteigend am Hang entlang, und erst am jenseitigen Ufer wird ein breiterer Weg erreicht. Nun bei den Felsbänken unter dem Weißenstein bergan zu einem Umlaufrücken (Markierung von Felling). Ein asphaltierter Güterweg leitet dann an der Weißensteinmüh-

le (alter Trichterkamin) vorbei zur Lichtenauer Straße und zum „**Brauhaus**" (ca. 1½ Std.; Märchenbild an der namengebenden alten Brauerei).

Variante durch das Große Kremstal nach Albrechtsberg auf dem Weitwanderweg Nr. 606 mit reizvollem Hangsteig am „Kogel", danach links auf Rundwanderweg abzweigen (zusätzlich ¾ Std.). Direkter Weg nach Albrechtsberg gleich nach der Kremsbrü-

„Millas Zauberweg"

cke links abzweigend auf dem grün markierten Mühlweg hinauf mit Abzweigung zum „Augenbründl". Besonders lohnend ist die Begehung von „**Millas Zauberweg**" mit interaktiven Stationen, zuletzt beim Schloss vorbei zum Hauptplatz in **Albrechtsberg** (686 m, 20 bis 30 Min.; Burg aus dem 16. Jh. mit barocker Pfarrkirche; Einkehr im Gasthaus Fischer, Mittwoch Ruhetag).

Tour 97

Albrechtsberg – Weißes Kreuz – Kleines Kremstal (3½ Std.):
Auf der Straße Richtung Attenreith bis zur Marienkapelle, dort links zunächst asphaltiert über die Acker- und Wiesenflächen der Hausleiten mit zunehmend schöner Aussicht hinauf (Rückblick auf Schloss Albrechtsberg, bei klarer Sicht Alpenblick). Auf der gelb markierten Route (Nr. III + 1) über einen Wiesenweg zu

einer Rastbank. Danach links die Hecke entlang zu einer von Gillaus heraufziehenden Fahrspur. Weiterweg nun ziemlich geradlinig und teilweise im Wald bis zum **Weißen Kreuz** (750 m, ¾ Std., Einmündung des rot markierten Weges von Els).

Der Weiterweg ist zwar gut markiert, aber am Anfang wegen der verwinkelten Wegführung achtgeben! Von Els kommend links, von Albrechtsberg her geradeaus auf dem Rundwanderweg Nr. I zur Straße, dort rechts und bei der nächsten Abzweigung links auf einer Forststraße in das Waldgebiet südlich von „Auf der Heide". Links abbiegend zu einer wenig auffallenden Abzweigung im Hochwald. Hier weist die sonst immer recht verlässliche Markierung mit Nr. I nach links und durchquert auf einem alten Karrenweg die oberste Marbachmulde. Ziemlich geradeaus weiter, leicht ansteigend und endlich hinaus ins freie Gelände. Im anschließenden Wiesental auf asphaltiertem Güterweg zur Ortskapelle von **Marbach an der Kleinen Krems** (ca. 1 Std., daneben das alte Kühlhaus mit einem Milchmädchen als Nischenfigur).

Links durch das langgestreckte Dorf und dann auf dem gelb mit Nr. I markierten Fahrweg zum unteren Ortsende von **Kleinheinrichschlag.** Gleich gegenüber führt die Markierung in wechselvollem Verlauf das **Kleine Kremstal** entlang. Dabei werden von Felsen gesäumte Talwindungen und Wiesenböden begangen. Bei der ehemaligen Hammerschmiede Astleitner („Rammerstein") vorbei zur „**Mangmühle**" (Sägewerk Auer) an der von Großheinrichschlag kommenden Straße. Richtung Els bis nach der Kurve, dann rechts auf Fahrweg bergab zur Brücke bei der Birkenmühle und mit gelber Markierung und Nr. 7 den Talboden entlang. Zuletzt schließt ein ganz romantischer Steig zum Haus Kühtreiber an (Sägewerk und Pfadfinderstützpunkt). Die Kleine Krems entlang führt dann der asphaltierte Güterweg zur Brücke bei der Bushaltestelle **Hartenstein** mit dem ersten Beobachtungspunkt des Geologischen Lehrpfades und zum Ausgangspunkt der Tour (1½ bis 2 Std.).

Ottenschlag: Zum „Mohndorf" Armschlag

Abwechslungsreiche Wege über die sanfte Hochfläche des obersten Kremstales.

Route: Ottenschlag–Himmelteich–Weyerteich–Armschlag–(Ottenschlag)–Sallingberg–Adenholz–Ottenschlag; 20 km, Seehöhe 720 m bis 850 m.

Gehzeit: insgesamt 5½ Std.

Einkehr: In Armschlag und Sallingberg.

Info: Marktgemeinde 3631 Ottenschlag, Tel. 02872/7330.

Familienwege: Himmelteich und Weyerteich mit abkürzendem Rückweg (2½ Std.). „Erlebniswelt Mohn" in Armschlag.

Tour 98

Rundwanderung über Armschlag (leichte Wege, aber Orientierung teilweise nicht ganz einfach, 3½ bis 4 Std.):

In Ottenschlag (849 m) zur Pöggstaller Straße, auf dieser kurz links und geradeaus auf der Neuhofstraße (Richtung Spielberg – Traunstein) weiter. Kurz nach der Abzweigung zum Friedhof links auf dem rot-606 markierten Weitwanderweg zur Bahnstrecke. Links zur Bahnübersetzung und am Dachsberg vorbei zum **Himmelteich** (¾ bis 1 Std., Freibad). Über den Damm und rechts auf dem Rundwanderweg „Hochwaldklänge" mit Nr. 31 zum Weyerteich. Auf der Waldstraße unter dem Bahnviadukt hindurch zur Kreuzung mit dem Nord-Süd-Weitwanderweg Nr. 605 (auf diesem rechts **abkürzender Rückweg** nach Ottenschlag, auch „Mohnstrudelweg" Nr. 12).

Weiterweg nach Armschlag (bis Bernreith unmarkierte Variante für geübte Wanderer, dann Kremstalweg Nr. 625 und „Mohnstrudelweg" Nr. 12): Bei der Weitwanderweg-Kreuzung geradeaus zur Straße bei der **Schützenmühle**. Hier kurz rechts

bis zur Kurve, dort links auf einem Ziehweg durch urigen Wald. Bei der ersten Lichtung leicht links und später auf einem Fahrweg mit Reitmarkierung weiter bis zum „Trondlmarterl“ an der Brücke über die „junge“ Große Krems. Links auf der Straße bergauf gegen Bernreith und nun rechts den Markierungen nach bis zu Fischteichen am Waldrand. Der Fahrweg steigt dann im Wald zur „Kohlstatt“ an und führt zur Ortsstraße von **Armschlag** (750 m, 1½ bis 2 Std.; bekannt als „Mohndorf“, Einkehrmöglichkeiten und Bauernladen, Mohn-Lehrpfad entlang der Ortsstraße zum „Mohnwirt“ Neuwiesinger).

Rückweg nach Ottenschlag: Am Ortsanfang von Armschlag über die Kremsbrücke und von der Straße Richtung Endlas auf den „O´zwickten Mohnstrudelweg“ Nr. 13 links abzweigen. Dieser führt im Randbereich der Wälder die Raxenbachmulde entlang und zuletzt auf der Straße nach Ottenschlag (ca. 1 Std.).

„Fischerstein“ am Himmelteich

Tour 99

Armschlag – Sallingberg – Ottenschlag (2½ Std.):
Von der Ortsstraße in Armschlag rechts unter der Straßenbrücke hindurch, nahe der Großen Krems weiter und jenseits nach **Sallingberg** (766 m, 30 bis 40 Min.; Einkehrmöglichkeit beim Sportzentrum oder oben im Markt). Vom Sportzentrum hinauf zur Hauptstraße, rechts aus dem Ort bergab hinaus, an der Straßenkurve rechts auf Wiesenweg abzweigen. Links über die Große Krems und auf rot-grün markierten Wegen zur Straße bei **Rabenhof** mit dem bis Ottenschlag führenden Weitwanderweg Nr. 606. Der Wegverlauf ist immer ziemlich geradeaus, Steige abseits der Forststraßen führen nahe dem 873 m hohen **Osterbrunnberg** vorbei (zur Teichmannser Wand wegen der fehlenden Aussicht nicht lohnend). Am besten geht man geradeaus auf dem Waldweg durch das **Adenholz** weiter und kann bei der Forststraßen-Kreuzung links auf dem Rundwanderweg Nr. 3 den Weitwanderweg verlassen. Später auf Weg Nr. 2 rechts abzweigen, endlich zum Waldrand und durch die Hubertusgasse, vorbei am Teich, zurück nach Ottenschlag (ca. 2 Std.).

Marbach – Maria Taferl: Steinbachklamm

Leichte Rundwanderung mit Aufstieg durch einen romantischen Waldgraben und Höhenwanderung mit schöner Aussicht.

Route: Marbach–Steinbachklamm–Hilmanger–Maria Taferl–Marbach; 8,5 km, Seehöhe zwischen 215 m und 560 m.

Gehzeit: 3½ Std.

Einkehr: Gasthöfe in Hilmanger und Maria Taferl.

Info: Marktgemeinde 3672 Maria Taferl, Tel. 07413/70 40.

Familienwege: Von Marbach–Steinbachklamm mit gleichem Rückweg (1½ Std.), Pilgerweg zur Wallfahrtskirche (1¾ Std.).

Tour 100

Rundwanderung von Marbach (3½ Std.):

In **Marbach** (215 m, Parkmöglichkeit an der Donaulände) von der Straße Richtung Maria Taferl links Richtung Friesenegg abzweigen. Auf der Anhöhe beim Wegweiser „Steinbachklamm" links kurz bergab und rechts auf einem Promenadenweg in den Talgrund der Hinterbrühl. Auf der Straße bis zur Kehre und bei der Winklermühle vorbei in das dicht bewaldete Steinbachtal.

Beim „Hasensteg" beginnt der Aufstieg durch den Steinbachklamm genannten steilen und teils felsigen Waldgraben auf einem gut ausgebauten, markierten Steig. Zuletzt führt vom „Rehsteg" eine Forststraße im Bogen hinaus nach **Hilmanger** (560 m, 1½ bis 2 Std., Gasthaus, Spielplatz).

Nun vorwiegend bergab über den zum Donautal absinkenden Hochflächenrand weiter, leider durchwegs auf Asphalt (die alten Wallfahrerwege sind abgekommen), dafür bei klarer Sicht Panoramablick über das Mostviertel und die Alpenkette (beherr-

Basilika Maria Taferl

schend im Breitformat der Ötscher). An einem schlossähnlichen Gebäude vorbei kommt man hinüber nach Ober-Erla, im Ort links und beim Feuerwehrhaus rechts wieder ins freie Gelände mit malerischem Blick auf Maria Taferl. Nach Duchquerung der Marbachmulde rechts von der Straße abzweigen und auf Wiesenwegen allmählich ansteigend nach **Maria Taferl** (443 m, ca. 1 Std.; im 17. Jh. begründeter Wallfahrtsort, auf eine vorchristliche Kultstätte zurückgehend – Steintisch auf dem Kirchenplatz, frühbarocke Basilika 1711 durch Jakob Prandtauer). Von der Aussichtsterrasse am „Landesehrenmal" vorbei über Stiegen zum alten **Pilgerweg.** Der Abstieg führt zuletzt durch das Ortsgebiet von Marbach zurück zum Ausgangspunkt (½ Std.).

Steinbachklamm

Eitental – Pöbring: Durch das Schwarzaubachtal

Wenig bekannte, aber überaus reizvolle Talwanderung im Weitener Hochland, vielfach schattige, neuerdings gut markierte Wege und historische Besonderheiten.

Route: Eitental–Pöbring–Schwarzau, Varianten für den Rückweg; insgesamt 17,5 km, Seehöhe zwischen 279 m und 560 m.

Gehzeit: einfache Strecke 3 Std. (mit Rückweg ca. 6 Std.), kürzere Runde von Pöbring in 3 bis 3½ Std.

Einkehr: Keine Möglichkeit.

Info: Marktgemeinde 3661 Artstetten-Pöbring, Tel. 07413/8235.

Familienwege: Von Eitental zur „Zwergerlquelle" (¾ Std.); von Pöbring talabwärts zur „Alten Steinbrücke" (1½ Std.); von Oberndorf über Kalkofenweg oder Schulsteig zum „Marienbild", talaufwärts zum „Schwarzaubachsteg" und zurück nach Oberndorf (2½ Std.).

Tour 101

Zwischen Eitental und Pöbring (3 Std.):

Von Eitental (279 m, an der Straße zwischen Weitenegg und Weiten) kurz auf der Seitenstraße Richtung Seiterndorf und bei Bildstock links ins Schwarzaubachtal hinein (Seitensteig zur **„Zwergerlquelle"**). Im Waldgelände über eine Stiege und eine asphaltierte Forststraße zu den Talwiesen. Später rechts abzweigend auf Steig den Lohsdorfer Bach entlang (Wasserfall) und zur ehemaligen Poststraße hinauf. Links wieder ins Tal zur **„Alten Steinbrücke"**.

„Fürnberg´sche Poststraße": Im Volksmund auch „Römerbrücke" genannte gemauerte Bogenbrücke an der um 1780 angelegten Poststraße. Josef von Fürnberg erwarb als frühindustrieller Unternehmer für seine Holzgeschäfte und die Glasfabrikation ab 1768 das Gebiet zwischen Luberegg an

der Donau und Gutenbrunn im Weinsberger Wald, verbunden mit dem Postverkehr im südlichen Waldviertel.
Am nördlichen Talrand weiter (grüne Markierung) bis zum einmündenden Döllagraben. Hier auf Steiglein hinab zum Bach und wieder ansteigend zu einem Karrenweg (bei der späteren Verzweigung rechts), der beim Mühlteich der Penn-Schmiede die Ansiedlung **Pöbring** erreicht (369 m, 1 ½ Std.; auf hohem Felssporn die um 1500 erbaute spätgotische Kirche, begründet als Burgkapelle eines 1165 urkundlichen Rittersitzes). Weiter wie bei Tour 102 nach Schwarzau und Oberndorf.

Das „Marienbild"

Rückweg nach Eitental: Auf demselben Weg zurück zur „Alten Steinbrücke", diese überqueren und auf der alten Poststraße bergauf bis zur nächsten Steinbrücke. Gleich danach links auf Forstweg wieder ins Tal und den dicht bewaldeten Bachgrund entlang weiter, bis sich die Forststraße am Hang hinaufzieht und die Aichauer Straße bei einer Kehre erreicht. Auf dieser bergab nach Eitental (ca. 1½ Std.).

Tour 102

Zwischen Pöbring und Schwarzau / Oberndorf (3¼ Std.):
Wie auf Tour 101 nach Pöbring (oder Zufahrt über Leiben und Payerstetten). Auf der Straße das Tal queren und kurz bergan, dann links auf Güterweg bis zum folgenden Bauernhof. Noch vor der Brücke rechts das Tal entlang bis zum **„Marienbild"** (rechts auf dem „Kalkofenweg" direkt nach Oberndorf, Zeitersparnis ca. ½ Std.). Links weiter im Tal zu einer von Felsstufen und Blockfeldern gesäumten Engstelle, dem romantischen Höhepunkt der Tour! Über den **„Schwarzaubachsteg"** ans südliche Ufer und rechts auf immer spärlicherem Forstweg weiter, zuletzt auf einem Karrenweg zur Straße in **Schwarzau** (527 m, 1½ Std.).

„Alte Steinbrücke" (um 1780)

Auf der Straße rechts, an den Mauerresten der vom 12. bis 15. Jh. bewohnten Burg vorbei, weiter bergauf und schließlich rechts abzweigend zum aussichtsreichen Weiler **Oberndorf** (20 bis 30 Min.). Gleich bei den ersten Häusern auf Asphaltweg den Hang hinab, ein Bienenhaus am Waldrand umgehend und geradeaus zu einem Holzplatz. Dort rechts entlang der grünen Markierungen im Bogen hinab ins Tal und wieder zum **„Schwarzaubachsteg"**. Für den Rückweg über den Steg an die südliche Talseite und auf einer gleichmäßig fallenden, schattigen Forststraße nach **Pöbring** (1 bis 1½ Std.).

Burgruine Schwarzau

Laimbach – Münichreith: Ostrong-Überschreitung

Gipfeltour auf den Peilstein und ausgedehnte Waldwanderung über den Ostrongrücken, auch Münichreith als Ausgangspunkt möglich.

Route: Laimbach–Kleiner und Großer Peilstein–Kaiserstein–Münichreith–„Alte Straße"–Laimbach; 18 km, Seehöhe zwischen 526 m und 1061 m.

Gehzeit: Rundwanderung insgesamt 5½ Std.

Einkehr: Gasthöfe in Münichreith (originell beim „Haselbräu") und Laimbach.

Info: Gemeinde Münichreith-Laimbach, 3662 Münichreith, Tel. 07413/70 66.

Familienwege: Von Laimbach auf den Peilstein (teils steil, Rundwanderung 2½ Std.).

Tour 103

Ostrong-Überschreitung (3¼ Std.):

Ausgangspunkt südlich von Laimbach an der Münichreither Straße nach dem **„Pfiat di Gott Marterl"** (560 m). Auf dem rot markierten Weitwanderweg Nr. 608 bis zu einer Forststraßen-Kreuzung (P. 746 m der ÖK). Weiter bergan auf dem „Steilen Weg" und durch die Blockformationen der Schneidermauer hinauf zu einem hoch gelegenen Forstweg-Umkehrplatz. Auf dem Steig mit Rechtsbogen ansteigend und sehr steil unweit der Felsabbrüche zur Verflachung des Bergrückens. Dort links und an der Ostseite um die Felstürme herum zum Blockaufbau am Kleinen Peilstein mit prachtvoller Aussicht vom Gipfelkreuz (1024 m, 1¼ Std.).

Variante (insgesamt 2½ Std. zurück zum Ausgangspunkt, Weg Nr. 5): Hinter dem Kleinen Peilstein an der Ostseite dem „Flachen Weg“ folgend, erreicht man nahe dem Katzenstein die Forststraße und auf dieser links den P. 746 des Anstiegsweges.

Für die Ostrong-Überschreitung ein Stück zurück und dann weiter zum dicht bewachsenen **Großen Peilstein** (1061 m). Auf markierten Karrenwegen den Bergrücken durch Hochwälder und Aufforstungen vorwiegend leicht bergab entlang. Ein Stück nach Abzweigung des Weges Richtung Altenmarkt wird ein flacher Sattel erreicht, aus dem bald ein Kamm zum freien Kaiserstein hinaufzieht (935 m, 1831 für Kaiser Franz angelegter **Kaisersteig** und Aussichtspavillon). Leicht nach links bergab zu einem Forstweg und weiter zum Sattel am „**Scheidanger**“ (871 m, Unterstandshütte). Hier links auf der Forststraße hinunter zu den „Altwaldhäusln“. Dann auf asphaltiertem Güterweg in flachem Wiesengelände nach **Münichreith** (675 m, ca. 2 Std.).

Waldweg am Ostrong

Tour 104

Rückweg auf der „Alten Straße" (2¼ Std.):
In Münichreith von der Straße Richtung Laimbach rechts abzweigend nach Mayerhofen. Gleich beim ersten Gehöft links auf einem Fahrweg ins Feldgelände hinaus (ehemalige Landstraße, MTB-Route) und beim folgenden Wald geradeaus weiter. Nach Straßenkreuzung (zwischen Neuer Welt und Gottsberg) noch ein Stück geradeaus auf der Forststraße, im folgenden Hochwald aber gleich links auf einem alten Weg weiter zu Wiesenflächen mit einer Kapelle. Bei der nächsten Straßenquerung wieder geradeaus auf der Wiese weiter (ein Stück nur spärliche Wegspuren, Reitweg-Markierung) und durch die Flur **„Gsteinert"** zur Zöbringer Straße.
Hier links bis zur Kurve, aber nicht weiter zur Hauptstraße (auch nicht die rechte Waldstraße benützen!), sondern geradeaus am Waldrand mit roter Markierung weiter. Im weiteren Wegverlauf geht man an einem alten Gehöft vorbei in den Talgrund hinaus. Bei der Laimbachbrücke stellt links ein Asphaltweg die Verbindung zum Ausgangspunkt des Ostrong-Aufstieges her. Sonst hält man sich rechts über den Weiler Thaya nach Laimbach.

Yspertal: Kaltenberg und Ysperklamm

**Zünftige alpine Bergwanderung mit sehr steilem Aufstieg und überragenden Steinformationen.
Als Variante Rundweg durch die Ysperklamm.**

Route: Pisching–Kaltenbergkreuz–„Druidenwanderweg"–Ödteich–Ysperklamm–Pisching; 9 km, Seehöhe zwischen 516 m und 970 m.

Gehzeit: als Rundtour mit der Ysperklamm ca. 4 Std.

Einkehr: Gasthof bei der Ysperklamm.

Info: Tourismusverband 3683 Yspertal, Tel. 07415/6767-25.

Familienwege: Vom Gasthof „Forellenhof" Aufstieg durch die Ysperklamm und Abstieg auf dem breiteren Weg, insgesamt 1½ bis 2 Std.

Tour 105

Über den Kaltenberg zur Ysperklamm:
Von der Kirche in **Pisching** (516 m, Zufahrt zwischen Altenmarkt/Ysper und Laimbach abzweigend) zum Bergwald. Der rot markierte Forstweg geht bald in einen zunehmend steileren Steig über, in einer Blockzone sogar mit Seilsicherung! Oberhalb nach links queren und auf einer gesicherten Steiganlage über Blöcke und Granitplatten auf den felsigen Vorsprung mit dem **Kaltenbergkreuz** (ca. 860 m; auf dem bis 1004 m ansteigenden und dicht bewaldeten Kaltenberg gigantische Blockmassive aus Weinsberger Granit).

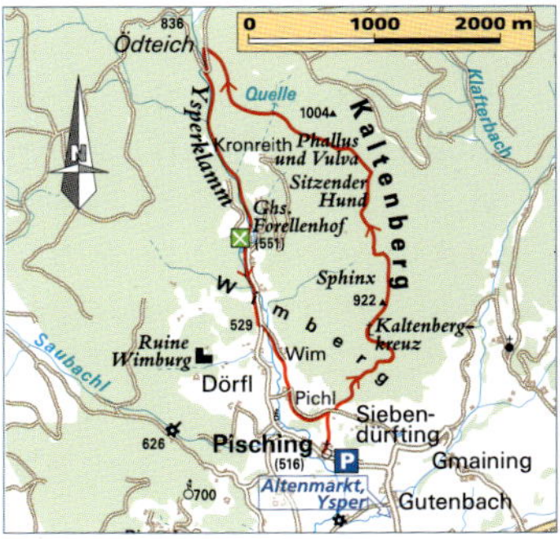

Der rot markierte **„Schalensteinweg"** (als „Druidenwanderweg" bezeichnet, Weg Nr. 31 + 31a) führt weiter bergan zum Ende eines Forstweges bei einer Schlaglichtung, über der sich gratartige Blockformationen türmen (P. 922). Vom Umkehrplatz rechts über die steile Böschung und Übergang zur östlichen Bergflanke, wo bergab ein Ziehweg erreicht wird. Auf diesem steil zur Berghöhe,

den Kamm entlang zu einer Schalensteingruppe und an der Blockmauer der „Sphinx“ vorbei hinab zu einem Sattel. Der markierte Hauptweg führt links um den folgenden Bergkegel herum. Viel lohnender jedoch am rechten Ziehweg weiter und bei Felsblöcken, wo der Weg an die Ostseite quert, sehr steil links hinauf. Steigspuren und Markierungen (rot und III) sind höchst spärlich, doch leicht links haltend und bei einem Querweg geradeaus kann das neuerdings **„Druidentreff“** genannte Gipfelplateau kaum verfehlt werden (970 m). Gegen Nordwesten (schräg links voraus) leicht bergab zur „Stehenden Schale“ und zur Kreuzung mit dem besser markierten Hauptweg, hier links bei einer Lichtung der riesige „Sitzende Hund“.

Rechts weiter bis zur nächsten Kreuzung, dort am linken Weg bergab zu Lichtungen bei einem Bächlein und rechts zu einem breiten Forstweg mit der Blockgruppe **„Phallus und Vulva“** (Ausblick auf Yspertal und Burgstein). Bei der folgenden „Kaiserreith“ zweigt rechts in den dichten Wald ein Steig ab. Dieser leitet später als Forstweg durch blockige Steilhänge zum Hochtalboden beim ehemaligen **Ödteich** (820 m, 1½ bis 2 Std.). Links auf der Forststraße zum Einstieg in die **Ysperklamm**. Nach ½ bis ¾ Std. Abstieg wird der Talgrund beim Gasthaus „Forellenhof“ erreicht. Auf der Straße talaus und links abzweigend rot markiert (Nr. 08) beim Hof Wim vorbei auf einem Wiesenweg weiter. Auf dem folgenden Güterweg zur Wegkreuzung am Fuß des Kaltenbergs und rechts hinunter nach Pisching (½ Std.).

Variante Ysperklamm (Rundweg ca. 1½ Std.): Diese Blockschlucht mit ihren hübschen Kaskaden bietet ein besonderes Schaustück des Waldviertels! Ausgangspunkt beim **Gasthof „Forellenhof“** (551 m, Zufahrt von Pisching, Parkplatz), wobei man im Aufstieg

dem direkt am Bach entlang führenden Steig folgen soll – besonders nach stärkeren Niederschläge eindrucksvoll, Bergschuhe empfehlenswert! Nach 250 Höhenmetern erfolgt der Ausstieg im Hochtal beim ehemaligen **Ödteich** (ca. 1 Std.; bereits 1599 genannt, bis 1929 Holzschwemme aus dem Weinsberger Wald an die Donau bei Ysperdorf, 1956 durch Dammbruch zerstört). Der Abstieg erfolgt (in einer Art Einbahn-Regelung) auf dem weiter ausholenden und einfacher begehbaren Forst- bzw. Karrenweg, der auf halber Strecke den „Fallsteig" quert.

Im idyllischen Yspertal

Ysper – St. Oswald: Herzsteinweg – Burgsteinmauer – Pelletriedel

Eine der interessantesten Bergwanderungen des Waldviertels mit berühmten „mystischen“ Granitformationen und einem begehbaren Moor, Alpenpanorama vom Pelletriedel.

Route: Ysper (oder St. Oswald)–Weißenberg–Totenkopf–Hinterberghof–Pelletriedel-Abzweigung–Burgsteinmauer–Hauswiesenmoor–Herzsteinweg–Ysper (oder St. Oswald); 15 km, Seehöhe zwischen 504 m und 975 m.

Gehzeit: als Rundtour insgesamt 6½ Std.

Einkehr: Keine Möglichkeit!

Info: Gemeindeamt 3684 St. Oswald, Tel. 07415/7291, Tourismusverband 3683 Yspertal, Tel. 07415/6767-25.

Familienwege: Von der Dorfstettner Straße zum Herzsteinweg, auf die Burgsteinmauer oder auf den Pelletriedel, jeweils ca. 2 Std.; Hauswiesenmoor ½ Std.

Tour 106

Auf die Burgsteinmauer (3½ Std.):

In **Ysper** (Heimatmuseum in Altenmarkt) kurz die Straße Richtung St. Oswald entlang (rechts Parkplatz) und bei der Ortstafel rechts auf dem Waldlehrpfad zur Wegteilung. Hier links und bald auf einem rot markierten Waldweg hinauf zur Panoramaweg-Forststraße.

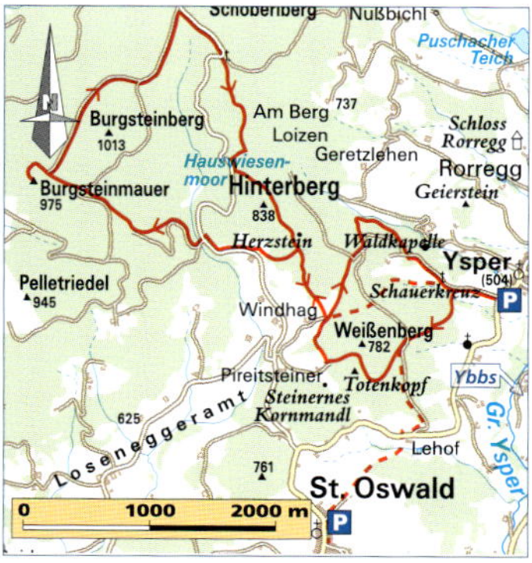

Zugang von St. Oswald: Vom nördlichen Ortsrand durch die Hangmulde zum Lehof an der Straße Richtung Ysper, wo der Panoramaweg beginnt, und auf dessen Forststraße bis zur Einmündung des Weges von Ysper. Vom **Panoramaweg** links hinauf abzweigen (Richtung Sofkarast), man bleibt aber auf der unmarkierten Forststraße und geht bis zum folgenden

Bergrücken. Dort zieht rechts ein steiler Forstweg hinauf, vorbei am **„Kleinen Reitstein“**, und erreicht im flacheren Wald eine Wegteilung. Hier rechts weiter und auf deutlichem Steig (die linken Abzweigungen und alten Markierungen bleiben unberücksichtigt) geradeaus bis auf die flache Bergkuppe mit Heidelbeerböden und Fichtenbestand. Hier auf schmalem Steig rechts zur Blockgruppe mit dem „Milleniums-Gipfelkreuz“ auf dem **Weißenberg** (782 m). Auf demselben Weg wieder zurück bis zur nächsten Abzweigung, dort rechts auf Karrenweg zum Wegweiser **„Drachenstein und Totenkopf“** (ca. 1½ Std.; Felsturm mit Antlitz eines Totenkopfs gegen Norden, Aufstieg über eine Stiege an der Südseite).

Der „Herzstein“

Auf dem Karrenweg bergab zum Waldrand beim Gehöft Pireitsteiner, wo sich in einem Acker das **„Steinerne Kornmandl“** befindet (Sage von einem Bauern, der seine kärgliche Ernte verfluchte, worauf die Getreidegarben zu Stein wurden). Nun rechts auf dem **Herzsteinweg** weiter zum breiten Wiesensattel beim Gehöft **Windhag.** Dort bergan, im folgenden Fichtenforst aber links abzweigend (Wegweiser „Burgsteinmauer“, rote Markierung Nr. 606) zum Hinterberghof an der **Dorfstettner Straße**. Auf dieser bis zur **Pelletriedel-Abzweigung** (Zufahrt von St. Oswald Richtung Dorfstetten, Parkmöglichkeit und Ausgangspunkt für Tour 108).

Hier links und vom Güterweg „Undeutsch“ gleich nach der Brücke rechts auf der Forststraße weiter. Die verlässliche **Weitwanderweg-Markierung-606** verläuft großteils über urige, mäßig ansteigende Waldwege und führt nach Querung der vorher nur kurz berührten Forststraße am Burgsteinberg-Südhang eben entlang zu einem **Sattel mit Umkehrplatz** einer breiten Forststraße. Dort auf dem weiterführenden Waldweg bergab und bei einer Lichtung (Wegweiser) links gelb markiert zum felsigen Gipfelaufbau.

Dieser wird über eine Steiganlage bewältigt, dann am Felsabsturz entlang zum Gipfelkreuz der **Burgsteinmauer** (975 m, 1¾ Std.; Alpenpanorama vom Schneeberg bis zum Dachstein, im Südwesten das Tal von Waldhausen).

Uriges Blockgelände, Burgsteinmauer

Tour 107

Abstieg nach Ysper oder St. Oswald (Herzsteinweg, ca. 3 Std.):
Auf demselben Weg zurück zum **Sattel mit Umkehrplatz** der breiten Forststraße und auf dieser nordwärts am Burgsteinberg (1013 m) vorbei, bei der nächsten Kreuzung links eben weiter zur **Dorfstettner Straße**. Diese rechts 0,5 km bergab bis zur nächsten Kehre. Hier an einem alten Wegkreuz vorbei unmarkiert in den Wald hinein zu einem Sattel, wo man auf den rechten Waldweg abzweigt. Nun immer ziemlich geradeaus weiter (rechts zuerst eine Kuppe mit Riesenblöcken, in der folgenden Senke an der Schlaglichtung links ein bizarres Granitgebilde, bei der nächsten Blockkuppe links entlang), bis links ein Hohlweg durch urigste Wälder zu einem Sattel führt. Hier rechts durch einen steilen Hohlweg hinab zum rot markierten **„Loizenweg"** und rechts zur Dorfstettner Straße bei der „Hauswiesen" (ca. 1¼ Std.).
„Hauswiesen-Moor": Die Hochtalmulde zwischen Burgstein und Hinterberg wird von Moorflächen ausgefüllt (namengebende

Sage von einem wegen dem Übermut seiner Bewohner im Sumpf versunkenen Dorf). An der linken (östlichen) Seite des Straßendammes befindet sich ein ungestörtes Flachmoor. Rechts (westlich) davon wurde vor Jahrzehnten versucht, das Moor durch Umbrechen mit Riesenpflügen trocken zu legen. Geblieben ist eine zerfurchte Sumpfwiese, in die der Baumwuchs mit Fichten, Birken und Faulbaumsträuchern allmählich vordringt. Aber die wesentlichsten Moorpflanzen haben sich erhalten – besonders bemerkenswert der hier im Mai massenhaft blühende Siebenstern, ein sonst überaus seltenes Eiszeitrelikt. Mit Bergschuhen gefahrlos und ohne Schaden anzurichten begehbar (am Nordrand kurz auf Forstweg in den Hochwald und links etwas verwachsen hinaus ins Moor).

Auf der Straße kurz südwärts weiter und gegenüber einer Wiesenfläche links abzweigen. Auf dem rot markierten **Herzsteinweg**, bei der Wegteilung rechts leicht ansteigend, um den **Hinterberg** herum (838 m hoher Gipfel mit imposanter Blockgruppe, üppigem Heidelbeerwuchs und freiem Ausblick, weglos von der Markierung rechts hinauf zu besteigen, am Waldrand südlich wieder hinab zur Markierung). Bald danach wird inmitten weiterer Blockbildungen der **„Herzstein“** erreicht, ein mystischer Kultplatz, dessen Spalt durchkriechend man körperliche und seelische Beschwerden abzustreifen vermag! Auf dem unterhalb verlaufenden Herzsteinweg links weiter, zuletzt steiler bergab und zur Kreuzung mit dem Weitwanderweg Nr. 606. Nun wie beim Anmarsch zum **Windhaghof** und unterhalb Wegteilung.

Rückweg nach St. Oswald (1 bis 1½ Std.): Auf dem Herzsteinweg (wie beim Zustieg Tour 106 in Gegenrichtung) zum Pireitsteiner und über Hauptmann-Mayer-Ruhe, nahe der Dorfstettner Straße nach St. Oswald (Seitenweg zur „Blutschüssel“ auf dem Stockberg und vorbei am Wackelstein).

Für den **Abstieg nach Ysper** zwei Möglichkeiten: Direkt entlang der Weitwandermarkierung steil den Waldhang hinab. Oder wesentlich angenehmer gleich im Hochwald links auf einem idyllischen Weg („Laabengang“) bis zu einer Forststraße und auf dem später von der „Loizen“ einmündenden Herzsteinweg nach Ysper hinab (1½ Std.).

Das „Steinerne Kormandl“

Tour 108

Auf den Pelletriedel (ca. 1½ Std., von St. Oswald insgesamt 3 Std. Route in der Übersichtskarte nicht enthalten):

Zufahrt von St. Oswald Richtung Dorfstetten oder Zugang auf Tour 106 bis zur bezeichneten Pelletriedel-Abzweigung nach dem Hinterberghof. Hier auf der Forststraße weiter bis zum Parkplatz „Alten“ (840 m, Bogenreith). Von der rechts folgenden Forststraße auf Steig zur Kammhöhe und zu den Gipfelblöcken auf dem Pelletriedel (946 m, Alpenpanorama noch unmittelbarer als von der Burgsteinmauer). Gleicher Rückweg, nach St. Oswald auch nahe der Straßenabzweigung auf der durchs oberste Loseneggeramt (Süßenhof) verlaufenden Strecke des Herzsteinweges.

Der „Totenkopf-Stein“

Krems – Stein: Donauwarte und Reispersbachtal

Leichte, naturkundlich interessante Wanderung am Eingang der Wachau, sonniges Weingartengelände und Naturlehrpfad durch einen Waldgraben.

Route: Stein–Donauwarte–Egelsee–Reispersbachtal–Stein; 7,5 km, Seehöhe zwischen 199 m und 450 m.

Gehzeit: Rundweg in 2½ bis 3 Std., als Übergang nach Dürnstein bis 5 Std.

Einkehr: Gasthöfe in Egelsee.

Info: Tourismusbüro 3500 Krems, Tel. 02732/826 76.

Familienwege: Von Egelsee zur Donauwarte (½ Std.), Naturlehrpfad im Reispersbachtal (1 Std.).

Tour 109

Rundweg über die Donauwarte:

Vom Bahnhof Stein-Mautern durch die Förthofstraße zum **Linzer Tor** (nach der bereits 1463 erbauten Donaubrücke auch „Brückentor" genannt, Parkplatz gegenüber der Hauptschule oder an der Steiner Donaulände) und in der Steiner Landstraße zum Rathausplatz. Gegenüber der Nepomuksäule befindet sich ein Durchgang (Wegweiser „Ehrenmal") zum Frauenberg. Gleich vom „Felsenbrunnen" oder von der weiter rechts gelegenen Frauenbergkirche (Aufgang auch von der Pfarrkirche möglich) zum **„Rebentor"** in der alten Stadtmauer.

Links durch die Steiner Kellergasse zur Kreuzung am Ortsende. Man kann hier rot markiert im Graben weiter und mit Abkürzung zur **Urbani-Kapelle** gehen. Wesentlich lohnender aber über eine Stiege zu einem Aussichtsplatz hinauf, auf Weingartenweg über die Anhöhe zu einem asphaltierten Güterweg und rechts zur Kapelle an der Markierung. Nun auf der Straße bis nach der

Donauwarte bei Egelsee

Kehre bei der Güterweg-Abzweigung, auf Fußweg den Bergkegel hinauf und oben rechts zum markierten Steig, der die **Donauwarte** erreicht (450 m, 1 Std.).
Auf dem Zufahrtsweg nördlich hinunter ins flache Höhengelände und an einer barocken Bildsäule vorbei nach **Egelsee**. Hier hält man sich links, geht aber dann nicht direkt zum Reispersbachtalweg, sondern über die Anhöhe oberhalb am Ort vorbei (Thorwesten-Straße) bis zum Sportplatz. Links führt im Föhrenwald ein Karrenweg (gelbe Markierung) bald einen Rücken entlang bis zu einem querenden Fahrweg. Dieser erreicht rechts das **Rote Kreuz** (340 m, ¾ Std.). Wegkreuzung – rot markierte Forststraße hinauf zur Hengelwand mit Übergang zur Fesslhütte und Abstiegsmöglichkeiten nach **Dürnstein** (2½ bis 3 Std., Rückfahrt mit der Bahn).
Naturlehrpfad durch das Reispersbachtal (gut erschlossener Spazierweg, besonders im Frühling oder in der bunten Herbstfärbung ein lohnendes Naturerlebnis!): Man folgt von der Hubertushütte (Unterstand) dem grün markierten „Bachweg“ und gelangt später im Ortsgebiet beim Ehmann-Platz wieder zur Steiner Landstraße oder zur Donaulände (¾ bis 1 Std.).

Dürnstein: Klettergarten und Blumenparadies

Abwechslungsreiche Alpinwege im felsigen Steilgelände oberhalb von Dürnstein.

Route: Dürnstein–Schlossbergweg (oder Vogelbergsteig)–Fesslhütte–„Kanzel"–Mähntalgraben–Kellerberg und Kuhberg oder Franzosendenkmal–Dürnstein; 8 bis 10 km, Seehöhe zwischen 209 m und 564 m.

Gehzeit: als Rundtour 3 bis 4 Std.

Einkehr: Fesslhütte (April bis Oktober).

Info: Stadtgemeinde 3601 Dürnstein, Tel. 02711/219.

Familienwege: Zur Ruine Dürnstein (mit Abstieg ¾ Std.).

Tour 110

Über den Schlossbergweg (leicht begehbarer Aufstieg, insgesamt 2 bis 2½ Std.):

Vom Parkplatz beim Bahnhof Dürnstein (mit Gebühr) zum Dürnsteiner Stadttour, davor rechts auf Fahrweg durch den „Wunderburggraben" oder gleich nach Betreten der Stadt auf dem treppenartigen „Ruinenweg" zur Ruine (Besichtigung unbedingt bis zur höchsten Zinne!). Noch in der Vorburg zweigt der grün markierte Schlossbergweg ab. Die nach einem gratartigen Sattel oberhalb aufragenden Felszacken im Dürnsteiner Grat tragen phantasievolle Namen, wie Narrenturm, Adlerfelsen, Löwe, Lorelei u. a. Am Hang unterhalb davon mit prächtigen Ausblicken bergan geht es hinauf zur **Fesslhütte** (1 Std.; Schlüssel zur nahen **Starhembergwarte** dort erhältlich, 564 m, zusätzlich ½ Std.). Abstieg nach Dürnstein bei Tour 112.

Varianten: Zur „Kanzel" zuerst entlang der roten Markierung am Ausstieg des Vogelbergsteiges vorbei, dann auf dem Kamm weiter und zuletzt bergab zum grandiosen Aussichtspunkt über dem Felsabbruch (mit Rückweg ca. ¾ Std.).

Tour 111

Vogelbergsteig (1½ Std., Schwindelfreiheit und Trittsicherheit erforderlich, zeitweilig wegen Steinschlaggefahr gesperrt):
Durch die Stadt und bei der Bahnübersetzung zwischen zwei Tunnels in den Talgraben hinein. Der dort links abzweigende rot markierte Steig bietet ein großartiges Erlebnis mit Tiefblicken auf Dürnstein, bizarren Felsfluren und typischen Föhren-Eichen-Beständen. Eindrucksvoller Seitenweg zur Wächterwand und gesicherte Querung einer Felspassage! Vom Ausstieg auf der Berghöhe rechts zur Fesslhütte oder links zur **„Kanzel“** (zusätzlich ½ Std.).

Dürnstein mit Ruine

Tour 112

Abstieg nach Dürnstein (1½ bis 2½ Std.):
Von der Fesslhütte östlich durch die Waldsenke hinab in den **Mähntalgraben** („Mentalgraben“), dort rechts gelb markiert die Waldhänge querend zu einem hübschen Rastplatz. Vom folgenden Sattel Wegteilung zum Kammweg über das Höhereck oder für den Güterweg nach Oberloiben.

Kuhschellenblüte am Höhereck

Variante Höhereck: Besonders lohnend wegen der pannonischen Flora (Naturdenkmal), vom Sattel am Kamm bleibend unmarkiert auf Steigspuren weiter und Abstieg zum **Franzosendenkmal** (1805 erste Niederlage der Franzosen gegen die verbündeten österreichischen und russischen Truppen). Unterhalb der Bahn auf dem Radweg zurück nach **Dürnstein** (1½ bis 2 Std.).
Über Kellerberg und Kuhberg nach Dürnstein (2½ Std., Route in der Übersichtskarte nicht enthalten): Vom Sattel vor dem Höhereck entlang der **gelben Markierung** auf dem Güterweg (bei nächster Abzweigung rechts !) durch den Graben Richtung „Prandtauerschlössel" absteigen. Bei **Wegweiser Kellerberg** geht es auf Asphaltweg leicht steigend rechts durch die Weingärten bis zur nächsten Bergecke. Dann folgt ein wunderschöner Naturweg durch felsigen **Flaumeichen-Wald.** Aus dem nächsten Grabengrund mit der **„Bildföhre oder Waldandacht"** hinaus quert ein Hangweg überaus reizvoll hinüber zum **Kuhberg** (im Sommer von Schafen beweidet, die den Trockenrasen vor dem Verbuschen freihalten sollen, Infotafeln und Rastplatz). Die Kletterfelsen gegenüber und die hoch ragende Ruine Dürnstein bilden ein großartiges Landschaftsbild! Über die Wiese leicht rechts haltend hinunter in den **„Wunderburggraben"** und zur alten Hauptstraße vor dem **Dürnsteiner Stadttor.**

Weissenkirchen: Achleiten und Schildhütten

Interessante Rundtour von berühmten Weinrieden zu bizarren Blockformationen, Varianten auf dem leichten Panoramaweg und zur anspruchsvolleren Kügerlwand.

Route: Weißenkirchen–Höhenweg zwischen Klaus und Achleiten–(Variante Panoramaweg Achleiten)–Schildhütten–Achleiten und Weitenberg–(Variante Kügerlwand)–Güterweg Weitenberg–Hinterkirchen und Weinweg–Weißenkirchen; 7 km, Seehöhe zwischen 210 m und 480 m.

Gehzeit: 2½ bis 3 Std.

Einkehr: „Heuriger" in Schildhütten.

Info: Gemeindeamt 3610 Weissenkirchen, Tel. 02715/2232.

Familienwege: Panoramaweg Achleiten und Weinweg (1½ Std.).

Tour 113

Panoramaweg Achleiten (1 bis 1½ Std.):

Vom Marktplatz in **Weissenkirchen** (830 urkundlich, im 12. Jh. Mittelpunkt des „Tales Wachau", Wehrkirche von 1531, Teisenhofer-Hof mit Wachaumuseum; beschilderte Parkplätze, Zufahrt mit der Donau-Ufer-Bahn günstig!) durch die Kremser Straße zur Abzweigung des gelb markierten Höhenweges. Zwischen hohen Trockensteinmauern zum „Klausmarterl", hier links bergan, am „Jamek-Keller" vorbei, zur Wegteilung hinter dem bewaldeten Hangvorsprung **„An der Klaus"** mit Wegteilung (geradeaus auf Tour 114 nach Schildhütten).

Im Bogen links kurz steil aufwärts und bald wieder flach mit herrlichen Ausblicken zum **„Rebgarten Stockkultur"** (Weingut Prager-Bodenstein, Musterweingarten in der „alten Erziehungsform" mit 15 000 Weinstöcken pro Hektar). Unter den Felsen der **Achleiten** vorbei zu der in einer Hangnische ansteigenden Wein-

Wehrkirche Weissenkirchen

riede **Himmelreich** (ein beim nächsten Waldstück rechts aufwärts abzweigender Seitenweg vermittelt mit einem anschließenden Steig den Anschluss an die Variante Kügerlwand, siehe Tour 115). Auf Fahrweg zwischen Weinterrassen unterhalb der Kügerlwand entlang, dann auf asphaltierten Kehren hinab in das Kainrichstal. Auf dem Güterweg rechts haltend zum Aussichtspunkt oberhalb der Weingärten **„Hinterkirchen"**. Bald danach links in der als „Weinweg" bezeichneten Seitengasse die Häuserzeile entlang abwärts, zuletzt bei Wegpfeil links hinauf zur Kirche. Durch die Wehrmauer in den Kirchhof, dann Abstieg in den Ort über die gedeckte Kirchenstiege zum Marktplatz oder im Wehrgraben links gehend über das „Pfarrersteigerl" zur Kremser Straße.

Tour 114

Schildhütten und Weitenberg (2½ bis 3 Std.):

Von der Wegteilung **„An der Klaus"** (von Weissenkirchen wie bei Tour 113) auf dem gelb markierten **„Höhenweg Schild"** geradeaus flach weiter. Später durch uriges Waldgelände ansteigend zu hoch gelegenen Weingärten und zuletzt leicht bergab zum Weiler **Schildhütten** (339 m, 1 Std.; Einkehrmöglichkeit im Heurigen Pomaßl – Hinweis am Beginn des Höhenweges). Die **einfache Route** verläuft nun auf demselben Weg zurück und über den Panoramaweg Achleiten nach Weißenkirchen (2 bis 2 ½ Std.).

„Klausmarterl"

Panoramaweg

Weiterweg über den Weitenberg: Gelb markiert im Graben aufwärts und links zu einer Forststraße, auf dieser links rot markiert weiter. Nach einem steileren Graben zur Bergecke und die in Windungen noch leicht ansteigende Forststraße entlang (beim zweiten links bergab abzweigenden alten Forstweg Abzweigung auf Tour 115 zur Kügerlwand). Die rote Markierung führt um die höchste, flache Waldkuppe der Achleiten (512 m) herum zur Kreuzung der Forststraßen in der nächsten Senke (zwischen Achleiten und Weitenberg; hier scharf links die nächste Abzweigung Richtung Kügerlwand – leichter zu finden!). Ein rot markierter uralter Waldsteig führt nun links bergab zu einem vom Weitenberg herabziehenden Rücken (Holzlagerplatz). Die ersten beiden Kehren des hier beginnenden Forstweges entlang der Markierung abkürzen, bei der zweiten Querung jedoch auf der Forststraße bleiben. Nach dem aussichtsreichen Waldrand bei der nächsten Kehre links weiter durch die Weingärten am Weitenberg schräg hinab zum **„Cäcilien-Marterl"** und zum Rast- und Aussichtspunkt oberhalb der Weingärten **„Hinterkirchen"** (Einmündung des Panoramaweges Achleiten). Weiterer Abstieg nach Weissenkirchen wie bei Tour 113 (1½ bis 2 Std.).

Weingärten mit Herbstlaub (Seiberer)

Tour 115

Über die Kügerlwand (nur für geübte und orientierungssichere Wanderer, unmarkiert, für die gesamte Runde ca. 3 Std.):

Von der rot markierten Forststraße am **Weitenberg** (wie bei Tour 114 beschrieben) beim zweiten links abzweigenden alten Forstweg einen Kulturzaun entlang zu einem Sattel mit pilzförmigen Felsen (typische Formen im Gföhler Gneis). Jenseits auf dem links bergab weisenden undeutlichen Forstweg weiter zu einer Kreuzung unterhalb kleiner Felsen. Hierher auch auf dem besser erhaltenen Forstweg, der kurz vor der Abzweigung der roten Markierung im Sattel zwischen Achleiten und Weitenberg (voraus die Forststraßenkreuzung) scharf links wegführt. Von dort kommend geradeaus (von der ersten Einstiegsmöglichkeit kommend links) auf einer oft spärlichen Wegspur mit alten lila Markierungen, unterhalb riesiger Felstürme vorbei, zu einem ausgeprägten Sattel oberhalb der Weingärten am **Himmelreich**. Hier rechts den Waldrücken hinan, diesen entlang und vom abschließenden Felskopf auf spärlichen Steigspuren hinab zum Sattel bei der **Kügerlwand**. Auf Felsstufen hinauf zum Gipfelkreuz mit phantastischem Aus- und Tiefblick. Zurück zum Sattel und auf Steigspuren an der Südseite durch aufgelassene Weinrieden hinab, dann über Steinstufen zwischen den Terrassenmauern zum **Panoramaweg Achleiten** und rechts weiter wie bei Tour 113 nach Weissenkirchen.

Spitz: St. Michael – Spitz – Schwallenbach

Sehr lohnende Übergänge mit schöner Aussicht (als Variante Bergtour über die Buschandlwand).

Route: Spitz–St. Michael–Michaelerberg–(Buschandlwand)–Rotes Tor–Spitz–(Tausendeimerberg)–Ruine Hinterhaus–Schwallenbach; 12,5 km, Seehöhe zwischen 200 m und 400 m (Gipfeltour 781 m).

Gehzeit: insgesamt 4 bis 5 Std.

Einkehr: Gasthöfe und Heurigenlokale in den Talorten.

Info: Gemeindeamt 3620 Spitz, Tel. 02713/23 63-2248.

Familienwege: In Spitz über den Tausendeimerberg, zum Roten Tor oder zur Ruine Hinterhaus (jeweils ½ Std.). Auf die Buschandlwand von der Seibererstraße (Zufahrt über Weissenkirchen) auf markiertem Weg (etwas anspruchsvoll, 1 Std.).

Tour 116

Zwischen St. Michael und Spitz (2½ Std.):

In **Spitz** (bereits 830 als „locus Wahowa" genannt, Weinbauort seit alters her, gotische Pfarrkirche) vom Bahnhof oder an der Donaulände entlang zur östlichen Ortseinfahrt und auf dem viel befahrenen Radweg nach **St. Michael** (211 m, 30 bis 40 Min.; spätgotische Kirche und Wehranlage um 1500). Vom Hauptplatz in schmalem Durchgang mit roter Markierung zum Bahnübergang und auf Steig steil bergan bis zu den oberhalb gelegenen Hangverflachungen (Naturschutzgebiet mit pannonischer Flora, besonders reizvoll im April bei Blüte von Küchenschellen, Schlehen- und Weißdornbüschen).

Über den Felsabbruch am westlichen Wiesenrand und mit einer Waldquerung zum Felsvorsprung am **Michaelerberg** (unterhalb Aussichtskanzel). Auf dem Steig weiter zum alten Erzstollen am **Atzberg** (eigentlich „Arzberg" nach dem ehemaligen Bergbau, u. a. Kupfer zur Herstellung des als Spritzmittel in den Weingärten benötigten Kupfervitriols). Kurz danach zu einem Fahrweg mit Wegteilung am Anstieg zur Buschandlwand (ca. 400 m, 1 Std.).

Variante „Überschreitung der Buschandlwand“ (insgesamt 4 bis 4½ Std., nur von sportlichem Wert): Zugang auch von Spitz über das Rote Tor, Aufstieg über den Atzberg gelb markiert zum Gipfel (781 m, Ausblick von der Gruber-Warte). Abstieg blau markiert nach Wösendorf (Bahn nach Spitz).

Von der Wegteilung auf dem Forstweg zügig bergab ins Mieslingtal, dort kurz rechts taleinwärts, über den Bach und ansteigend zum **Roten Tor**, dann auf dem Asphaltweg hinunter in das Ortsgebiet von **Spitz** (223 m, ¾ Std.).

Beim Roten Tor in Spitz

Tour 117

Von Spitz nach Schwallenbach (3 Std.):

Vom Kirchenplatz neben dem Schloss durch die einem Hohlweg ähnelnde Friedhofsgasse ansteigend zum Sattel der **„Quitten“** (einladende Heurige mit Ausblick zur jenseits des Spitzergrabens aufragenden **Ruine Hinterhaus**; bezeichnete Seitenwege auf den **Tausendeimerberg**, zusätzlich ½ Std.). Auf der Seitenstraße „In der Spitz“ hinunter zur Mühldorfer Straße und abzweigend zum Erlahof (Schifffahrtsmuseum). Dort links zur Ruine Hinterhaus (275 m, 1 Std. mit Tausendeimerberg; wie mit dem Fels „ver-

Pfarrkirche Spitz

wachsene“ Mauerreste der romanischen, im 15. Jh. ausgebauten Wehranlage).
Nach Besichtigung der Ruine an der Südseite unterhalb auf dem Güterweg „Auleiten“ durch Steilgelände mit Weingartenterrassen bis vor die **„Teufelsmauer“** (bizarr herausgewitterter Pegmatitgang im Spitzer Marmor): „Der Sage nach versuchte der Teufel, eine Sperrmauer über die Donau zu schlagen. Doch bevor er fertig war, krähte der Turmhahn von St. Johann. So musste der Teufel von seinem Werk ablassen!“ Rechts weiter bis zur nächsten Kehre und kurz rechts bergab zum Weitwanderweg (rechts absteigend zurück nach Spitz, Ruinenrunde in ca. ¾ Std.; Weiterweg anspruchsvoller und nur für sichere Geher!).
Links weiter auf dem Jauerlinganstieg (rot markiert mit Nr. 605) bis zur bezeichneten Abzweigung Richtung **Schwallenbach**. Der markierte Steig führt stellenweise etwas abschüssig durch steile Bergwälder im oberen Dürntal und erreicht die Donau in Schwallenbach (212 m, 1½ Std., Rückfahrt mit der Bahn nach Spitz).

Spitz – Maria Laach: Jauerling und Spitzergraben

Mit 700 m Höhenunterschied die „alpinste" Bergtour des Waldviertels, Höhepunkt des „Welterbesteiges Wachau"; leichtere Variante von Maria Laach.

Route: Spitz–Hinterhaus–Benking–Jauerling–Thurn– Trenning–Mühldorf–Spitzergraben–Spitz; 21,5 km, Seehöhe zwischen 220 m und 960 m.

Gehzeit: insgesamt ca. 8 Std. bzw. 4½ bis 5 Std. mit Abstieg nach Willendorf (Bahn nach Spitz).

Einkehr: Naturparkhaus auf dem Jauerling, Gasthöfe in Mühldorf.

Info: Gemeindeamt 3620 Spitz, Tel. 02713/23 63-2248.

Familienwege: Auf dem Jauerling Rundgang durch den Naturpark (ca. 1 Std.).

Tour 118

Jauerling-Überschreitung von Spitz nach Mühldorf (4 bis 5½ Std.): **Ausgangspunkt** in Spitz beim Erlahof (220 m, an der Straße Richtung Mühldorf, Parkplatz, Schifffahrtsmuseum). Links auf dem rot markierten Weitwanderweg Nr. 605 Richtung Jauerling bis kurz vor die **Ruine Hinterhaus** und rechts bergwärts abzweigen. Nach einigen Kehren zuerst den Kamm entlang und dann weiterhin stets im Wald an den Südhängen bergan. Zuletzt auf Forstweg flacher am „Platzl" zur Jauerlingstraße, diese 0,5 km entlang und wieder auf Waldweg nach **Benking** (767 m, 1¾ Std.).

Am Ortsende bei einem Stadel rechts abzweigen und auf einem Fahrweg den Hang hinauf. Am Waldrand kurze Rechtskehre und eher spärlich markiert zur Wegkreuzung beim **Naturpark** (rechts direkt zum Naturparkhaus). Geradeaus weiter zum Parkplatz auf der Sattelwiese, hier am besten links über die Straße zum **Burgsteingipfel** des Jauerling mit dem Aussichtsturm (960 m, ¾ bis 1 Std.; täglich geöffnet von April bis Oktober, interessante Mineralienschau, Panoramablick von den Kleinen Karpaten bis zum Watzmann).

Variante zurück ins Donautal: Vom Weg Richtung Maria Laach links abbiegend entlang der grünen Markierung über Gießhübl hinab nach Willendorf (210 m, 2 Std.; Fundort der berühmten altsteinzeitlichen „Venus"), Rückfahrt mit der Bahn nach Spitz.

Zur Einkehr im Naturparkhaus über die „Turnerwiese" zur folgenden Forststraße, dort rechts zur Sattelwiese und den Fahrweg entlang zum Berggasthaus mit **„Wachauterrasse"** (915 m, 20 bis 30 Min.; geöffnet von Mai bis Okt. mit Mittwoch Ruhetag, sonst zum Wochenende, Tel. 02713/30017). Unterhalb der Zufahrt quert man links rot markiert zum Weg Richtung Mühldorf.

Im „malerischen" Spitz

Abstieg nach Mühldorf auf dem „Welterbesteig": Auf der Forststraße nach der „Turnerwiese" schräg links bergab zur nächsten Kehre mit mehrfacher Kreuzung. Dort kurz rechts und gleich wieder links abzweigen bis zu einer Hangwiese am **Dürreck** (rechts abzweigende Markierungen in den Spitzergraben und zum Naturparkhaus). Hier rot markiert waagrecht am Gegenhang weiter und die Kehren eines Forstweges entlang. Mit einigen Abkürzungen erreicht die Markierung schließlich das freie Gelände beim **Weiler Thurn** (495 m, 1½ Std.). Von hier sehr lohnender Aufstieg zum **Trenning** (628 m, 20 bis 30 Min., grün markiert) – felsiger Gipfel mit prachtvollem Rundblick, Abstieg auf demselben Weg. Von Thurn auf der Straße westlich im Bogen um den Trenningberg herum (ehemaliger Graphitbergbau) nach **Mühldorf** (ca. 360 m, ¾ Std.; Bus nach Spitz).

Tour 119

Durch den Spitzergraben (ca. 2½ Std.):

In **Mühldorf** den Wegweisern des „**Welterbesteiges**" nach auf der Straße rechts durch das Ortsgebiet, bald aber auf der Seitenstraße neben dem Spitzer Bach weiter zum links abzweigenden Güterweg. Auf Asphalt ansteigend am Bauernhof vorbei durch den folgenden Graben. Bei der ersten Abzweigung links (MTB-Weinsteintour), bei der nächsten aber auf dem rechten Fahrweg (im nächsten Wald wieder rechts), dann ohne Orientierungsprobleme weiter.

Der nun folgende **Panoramaweg Spitzergraben** ist landschaftlich ungemein reizvoll und wurde in den letzten Jahren durch den lokalen Verein Marivino erschlossen („Welterbesteig" und grün-orange Markierung, Rasthütten und Infostellen). Immer wieder zwischen Weingartenterrassen geht es mit prächtigen Ausblicken über dem vom Jauerling überragten Tal dahin. Auf dem Bergvorsprung oberhalb von Elsarn steht das **Wetterkreuz** (schöner Rastplatz auf knapp der halben Wegstrecke), am Zornberg befindet sich die **Zornberghütte** des Vereins Marivino (Mai bis Oktober an Sonntagen bei Schönwetter Ausschank).

Von **Zornberg** im folgenden Hohlweg weiter bergab und bei der nächsten Abzweigung links in die Weingärten hinaus, wo ein Wiesenweg an einem Gehöft vorbei in den nächsten Graben führt. Dort links, beim Heurigen Donabaum vorbei, durch die Heidgasse nach **Laaben**. Auf der Straße weiter, bei der nächsten Brücke über den Bach und zum **Erlahof**.

Panoramaweg Spitzergraben

Tour 120

Von Maria Laach auf den Jauerling (Aufstieg in 1¾ Std.):
Von Maria Laach (591 m, gotische Pfarr- und Wallfahrtskirche, Gnadenbild „Maria mit den sechs Fingern"; Info: Gemeinde, Tel. 02712/82 22) auf der Jauerlingstraße nach Zeißing und aus der Seitengasse auf blauer Markierung durch die Wälder ansteigen. Am wenig hervortretenden Weißenberg und der Abzweigung des grün markierten Willendorfer Weges vorbei zum Burgstockgipfel mit der Aussichtswarte. Weiter wie bei Tour 118 zum Naturparkhaus, dort rechts auf dem Waldlehrpfad zum Waldrand oberhalb von Oberndorf. Am Naturparkweg rechts hinauf zur Sattelwiese, auf der Straße über Oberndorf 2,5 km bis zum Sattel nach der Einmündung von Wiesmannsreith (Trafo). Dort gelb markiert am Hang des Katzentales absteigend nach Zeißing und nach Maria Laach (insgesamt 3 bis 3½ Std.).

Arnsdorf: Römerweg und Maria Langegg

Rundwanderung von der mittleren Wachau in den Dunkelsteiner Wald, historisch interessante Wege, Teilstrecken des „Jakobsweges“ und des „Welterbesteiges“; Kurztour über den Römerweg und Variante zur Ruine Aggstein.

Route: Mitterarnsdorf–Kupfertal/Römerweg–(Bacharnsdorf)–Kreuzsattel–Maria Langegg–(Ruine Aggstein)–Ernsthof–Hofarnsdorf; 14,5 km, Seehöhe 206 m bis 680 m.

Gehzeit: insgesamt 5½ Std.

Einkehr: Gasthöfe in Maria Langegg und Aggstein (Ruine).

Info: Marktgemeinde Rossatz-Arnsdorf, 3602 Rossatz, Tel. 02714/6217.

Familienwege: Kleine Rundwanderung über den „Römerweg“ (Variante Bacharnsdorf, 2 Std.), von Maria Langegg zur Ruine Aggstein (einfache Strecke ca. 1 Std.).

Tour 121

Zur Wallfahrtskirche Maria Langegg (ca. 3 Std.):

In **Mitterarnsdorf** (206 m, beschränkte Parkmöglichkeit, Zufahrt auch mit Donau-Ufer-Bahn und Rollfähre von Spitz) zum Ortsende Richtung Rossatz und auf der Langegger Straße bergwärts. Bei einer Kehre zweigt der beschilderte **„Römerweg“** ab. Durch einen felsgesäumten Hohlweg mit auffallenden Spurrillen steil hinauf, dann flacher auf einem Forstweg zur Straßenquerung. Gleich gegenüber weiter durch das **„Türkentor“** zur Wegteilung im Kupfertal (380 m, 1 Std.; links abzweigend zurück über nach Bacharnsdorf).

Variante Bacharnsdorf (von Mitterarnsdorf insgesamt ca. 2 Std.): Von der Wegteilung im Kupfertal blau markiert durch den felsgesäumten Graben mit eindrucksvoller Klamm talabwärts und hin-

Rollfähre Spitz–Arnsdorf

aus nach Bacharnsdorf. Kurz auf der Straße rechts und gleich wieder links hinunter zur Donau (vorbei am „Burgus“ = Seitenwand eines Hauses mit römischem Mauerwerk). Auf dem asphaltierten Treppelweg zurück nach Mitterarnsdorf.

Historisches: Zur Römerzeit verlief die Nordgrenze des Römischen Reiches entlang der Donau und wurde durch den „Limes“ (Militärlager mit Straßenverbindungen) gegen die vordringenden Germanen gesichert. Im Bereich der unwirtlichen, gebirgigen Wachau führten aber nur von den Höhen des Dunkelsteiner Waldes Seitenwege hinab zu einzelnen Befestigungen am Donauufer, z. B. hier durch das Kupfertal zum Wachturm (= Burgus) in Bacharnsdorf. In der Zeit der „Türkennot“ (bereits 1529) legte man Sperrwerke zum Schutz der Wachau an, z. B. an der Talstraße in Rossatzbach, aber auch in den Seitengräben wie im Kupfertal.

Beim weiteren **Aufstieg durch das Kupfertal** entlang der grünen Markierung folgt eine immer dichter verwachsene Waldwildnis. Bei Hochwasser fließt der Dürrenbach durch den teilweise mit Steinblöcken des Römerweges ausgelegten Weg! Nach dieser anstrengenden Wegstrecke wird schließlich eine Forststraße hinaus zum Sattel am **Kreuzberg** erreicht (597 m, ca. ¾ Std., Wegzeichen des „Welterbesteiges“).

Weiterweg nach Langegg (Teilstrecke das „Jakobsweges" zwischen den Stiften Göttweig und Melk): Nach Erreichen der Sattelhöhe vom Kupfertal her rechts entlang der blauen Markierung zum **„Kastlkreuz"** an der Langegger Straße (652 m, ca. ¾ Std.; Abkürzungsmöglichkeit zum Weiterweg – kurz rechts und bei Quelltümpel links auf die Ernsthofstraße abzweigen, Zeitersparnis ca. ½ Std. und weniger mühevoll durch Vermeidung des Abstieges nach Maria Langegg). Vom Kreuz kurz links die Straße entlang und rechts (neben einer Forststraße) blau und rot markiert mit Nr. 653 Richtung **Maria Langegg** abzweigen. Zuletzt bergab zum Sattel von Maria Langegg und mit kurzem Anstieg zur barocken Wallfahrtskirche (511 m, ca. ¾ Std., Einkehrmöglichkeiten – „Klosterstüberl" und „Langegger Hof").

Tour 122

Zur Ruine Aggstein („Jakobsweg" und „Welterbesteig"):

In 1½ bis 2 Std. ist der Übergang zur Ortschaft Aggstein möglich, von dort Busverbindung zum Ausgangspunkt. Der rot markierte Weg führt vom Sattel unterhalb der Wallfahrtskirche bis zum Parkplatz vor der Ruine (501 m, ca. 1 Std., Gaststätte, schönster Burgblick von den oberhalb gelegenen Felsen). Abstieg ins Tal auf der asphaltierten und zeitweise stark befahrenen Straße, am Talboden beim Parkplatz rechts zum Gasthof „Aggsteiner Hof" mit Bus-Haltestelle (30 bis 40 Min.). Info: Gemeinde Schönbühel-Aggsbach, Tel. 02753/82 69.

Für die **Rundwanderung nach Mitterarnsdorf** könnte man auch zur Ruine und retour gehen, insgesamt ca. 2 Std. (sehr lohnend), Weiterweg bei Tour 123.

Römerweg im Kupfertal

Wallfahrtskirche Maria Langegg

Tour 123

Von Maria Langegg nach Mitterarnsdorf (2¼ Std. auf dem „Welterbesteig"):

Auf dem Fahrweg Richtung Aggstein bis zum Sattel, dort rechts auf Forststraße abzweigen und kurz danach auf Forstweg geradeaus weiter (rot markiert mit Weg Nr. 605 Richtung Hofarnsdorf). Später auf der Ernsthofstraße bergab und an einem barocken Steinkreuz vorbei zur „Goldreut" (markante Felsstufen, im Rückblick kurz der Ötschergipfel!). Im flacheren Verlauf am **Forstgut Ernsthof** vorbei, dann wendet sich die Forststraße in das oberste Buchental. Bei der Verzweigung kurzer Ausblick zum riesenhaft aufragenden Hohen Stein (dieser ist von der geradeaus weiterführenden Straße durch einen felsdurchsetzten Hochwald weglos erreichbar). Um die Kehre links herum (dieser Straßenast führt zum leichter erreichbaren Aussichtspunkt der Roten Wand) und bald danach rechts auf steilem Karrenweg hinab ins **Buchental**. Dann durch Weingärten hinaus zur Wachau-Straße und zum Treppelweg (ca. 2 Std., Rollfähre nach Spitz). Auf diesem die Donau entlang in 20 Min. zum Ausgangspunkt in Mitterarnsdorf.

Rossatz: Hirschwand und Seekopf

Die Alpintour im „Gebirge am Strom" (nur für geübte Wanderer), dazu eine leichtere Variante und eine Extremroute für den Abstieg.

Route: Rossatz–Panoramaweg–Schütt–Fahnenwand–Steinige Ries–Hirschwand–Seekopf (Aufstiegsvariante Seegraben; Abstiegsvariante Pemexel)–Muglerweg–Jankerlweg–Rossatz; 10,5 km, Seehöhe zwischen 225 m und 671 m.

Gehzeit: ca. 4½ Std.

Einkehr: unterwegs keine Möglichkeit.

Info: Marktgemeinde 3602 Rossatz, Tel. 02714/6217.

Familienwege: Rundgang auf dem Jankerlweg von Rossatz (1½ Std.).

Tour 124

Fahnenwand und Hirschwand (2¾ Std.):

Vom Ausgangspunkt in **Rossatz** (Parkmöglichkeit beim Feuerwehrhaus) zum westlichen Ortsende. Dort von der Hauptstraße bergwärts und im Graben beim Wegweiser **„Panoramaweg"** rechts zur Schütt (½ Std.; Einmündung des rot markierten Abstiegsweges vom Muglerweg – kürzere Runde von der Schütt aus!). Rechts zur Einmündung einer Markierung von St. Lorenz. Nun Aufstieg entlang von „Welterbesteig" und der gelben Markierung zu einer Felsscharte mit der vorspringenden **Fahnenwand** (zum eindrucksvollen Tiefblick auf Weißenkirchen durch einen kaminartigen Spalt zum Absturz vorklettern). An riesigen phallusartigen Gneistürmen vorbei zu einem wild getürmten Za-

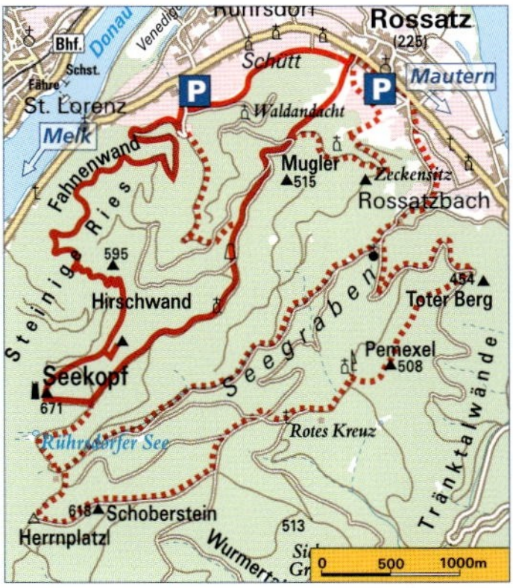

ckengrat. Hier beginnt der eigentliche **„Steinige-Ries-Steig" – nur für geübte Wanderer!** Dabei wird entlang der gelben Markierung zwischen wenig steigenden Querungen die Scharte eines Felskammes steil und teilweise abschüssig überwunden. Danach führt der Steig zum felsigen **Sattel zwischen Hirschwand und Seekopf** (590 m, ca. 1¾ Std.), Weiterweg Tour 125.

Leichtere Variante (ca. 2½ Std.): Von Rossatz (anfangs wie bei Tour 127) durch den Seegraben, rechts zum „Rührsdorfer See" (siehe Abstiegsvarianten), danach links blau markiert auf den Seekopf, grün markierter Abstieg in den Sattel zwischen Seekopf und Hirschwand und rechts blau markierter Abstieg zum Muglerweg(Tour 125).

Zur Hirschwand (634 m, insgesamt 20 bis 30 Min.): Vom Sattel an der jenseitigen (südlichen) Gratflanke blau und grün markiert kurz abwärts und links unter immer schrofferen Felszacken entlang. Zuletzt entweder über Blockstufen zum Einstieg des versicherten Klettersteiges über den **Westgrat** (bereits 1897 angelegt, als leichter eingestuft, aber ausgesetzter) oder unterhalb der Felsen auf Steigspuren weiter zum 1988 neu versicherten **„HW-Steig"** durch die Südostwand. Beide Klettersteige (Stahlseile und Eisenklammern) erfordern aber Klettergewandtheit und Schwindelfreiheit – für Geübte ein tolles Gipfelerlebnis! Für Nichtkletterer vom Fuß der Felsmauer bereits prachtvolle Aussicht (hinab ins Donautal von einem unschwierigen Block neben dem Westgrat-Einstieg).

Rossatz mit Wächterwand

Tour 125

Seekopf – Jankerlweg – Panoramaweg (2¼ bis 2¾ Std.):
Vom Sattel zwischen Hirschwand und Seekopf führt ein grün markierter Steig steil auf den Kamm hinauf zum **Seekopf** (671 m, Warte des Jankerl-Klub Rossatz). Dann blau markiert anfangs steil hinab zur Forststraße mit Wegteilung für den Rückweg (½ bis ¾ Std.; rechts zu Tour 126). Links auf dem **Muglerweg** zum **„Rührsdorfer Kreuz"** (mit 1746 bezeichneter, in eine massive Bildstocksäule von 1893 eingesetzter Holznischenblock, auch als „Rotes Kreuz" bezeichnet) und zum **„Evangeliwandl"** (nach angeblichen Gottesdiensten zur Reformationszeit benannt). Nun am Muglerkamm entlang (links Abzweigung des rot markierten Abstiegsweges zur Schütt). Bei einem Sattel mit Kreuzung der Forststraßen geradeaus auf dem blau markierten **Touristensteig** direkt hinab nach Rossatz zum Ausgangspunkt (ca. 1½ Std.).
Die schönere Route verläuft jedoch rechts auf dem Forstweg ein Stück den Jankerlweg entlang bis zum Sattel am Bergrand (rechts um die Ecke die Blockformation mit dem „Zeckensitz"). Dann um die Kehre links bergab und auf dem besser bezeichneten **Jankerlweg** nach Rossatz. Oder weiter zum **Panoramaweg** – auch noch um die nächste Kehre herum, wo nach wenigen Schritten links ein etwas spärlich rot markierter Steig abzweigt. Aus dem

folgenden Waldgraben links bergab hinaus ins freie Gelände und zum Bergvorsprung mit überwältigender Aussicht. In den Weingärten nach links und asphaltiert bergab zur Einmündung des blau markierten Touristensteiges und weiter zum Ausgangspunkt (ca. 2 Std.).

Tour 126

Abstiegsvarianten nach Rossatz (1¾ bis 2¾ Std.):

Von der Wegteilung unterhalb vom Seekopf rechts auf dem Forstweg zum geheimnisvollen **„Rührsdorfer See“** (botanisch interessantes Flachmoor und periodisches, von den Niederschlagsverhältnissen abhängiges „Gewässer“, bisweilen ausgetrocknet, dann aber wieder ein „See“). Bei der nach einer weiteren Lichtung folgenden Forststraßenkreuzung links durch den **Seegraben** auf Forststraße hinaus nach Rossatz (1½ bis 2 Std.). Wesentlich länger, aber auch interessanter, hier rechts hinauf zum „Herrnplatzl“ (bis hierher auf dem „Welterbesteig“) und dort links auf Forststraßen zum „Schoberstein“ und zum Roten Kreuz („Jakobsweg“). Nun über den **Pemexel** (wie bei Tour 127 in Gegenrichtung beschrieben) zurück nach Rossatz (2½ bis 3 Std.).

Ferdiandswarte – Rossatz, Dürnstein, Loiben (von links)

Rossatz: Pemexel und Ferdinandswarte

Nach einem selten begangenen „Steingipfel“ (mit verschieden langen Rückwegen nach Rossatz) folgt eine ausgedehnte Überschreitung auf dem „Jakobsweg“ bis Hundsheim mit Ferdinandswarte und „Römerweg“.

Route: Rossatz (oder Rossatzbach)–Seegrabenweg–Toter Berg–Pemexel (Abstieg nach Rossatz)–Rotes Kreuz–„Jakobsweg“–Ferdinandswarte–„Römerweg“–Mauternbach–Hundsheim; 13 km, Seehöhe zwischen 225 m–508 m–200 m.

Gehzeit: 4½ bis 5 Std. (ohne Rückweg).

Einkehr: unterwegs keine Möglichkeit, „Heurige“ erst in Mauternbach!

Info: Marktgemeinde 3602 Rossatz, Tel. 02714/6217.

Familienwege: Zur Ferdinandswarte – markierter Steig von der Wachaustraße zwischen Hundsheim und Rossatzbach bzw. von Unterbergern (½ bis 1 Std.). Von Rossatz Spaziergang auf dem Holzweg, abzweigend nach Rossatzbach und am Donauufer zurück (1¼ Std.).

Tour 127

Rundwanderung über den Pemexel (3½ bis 4½ Std., Zugangsvariante von Rossatzbach bei Tour 129):

In Rossatz vom Parkplatz beim Feuerwehrhaus direkt zum Wanderweg (bei der Raika vorbei hinter den Markthäusern) oder

Blick vom Pemexel

von der Kirche auf der Ortsstraße Richtung Rossatzbach bis zur „Wegscheid". Hier beim Sebastianbild rechts auf dem **Holzweg** mit prachtvollem Blick auf Dürnstein durch die Weinrieden. Beim „Biritor" (Sperre während der Türkennot) in den Seegraben mit Einmündung von Rossatzbach („Welterbesteig") und kurz nach der „Helenenhütte" (Unterstand) zu einer Wegkreuzung. Hier links voraus ansteigend auf älterem Forstweg zu einer bei der Kehre einmündenden Forststraße und auf dieser bleibend weiter. Achtung – an der Abzweigung der gelben Markierung vorbei und bei der Rechtswendung geradeaus nun in ebenem Verlauf um den Bergvorsprung herum (spärlich markiert). Nach der nächsten Kehre wird ein Sattel erreicht, wo links ein Steig zum leider verwachsenen Gipfel **„Toter Berg"** abzweigt (454 m, ca. 1 Std.).
Kurz zurück und vom Sattel gleich gegenüber spärlich rot markiert den Rücken entlang aufwärts, vor einer Lichtung links im Forst weiter und immer Weg- bzw. Fahrspuren folgend auf dem bewaldeten Kamm zum **Pemexel** (508 m, bizarre Felszacken aus Gföhler Gneis, vom weglos erreichten östlichen Bergrand prächtiger Ausblick auf Stift Göttweig). Zurück zur Markierung mit dem „Welterbesteig", die über die Bergfläche leicht bergab

führt und etwas rechts haltend die gelb markierte Forststraße erreicht (ca. 1 Std.; **abkürzender Rückweg** – rechts gelb markiert zurück nach Rossatz, insgesamt 3½ Std.).

Abstiegsweg nach Rossatz (längere Route, insgesamt ca. 4½ Std.): Auf Forststraße weiter zum Roten Kreuz, dort rechts und bei den beiden nächsten Wegteilungen links bis zur Einmündung in die rote Markierung mit Nr. 653. Diese rechts entlang und etwas eintönig durch die wenig geneigten Plateauwälder, über die Anhöhe mit dem **„Schoberstein“** hinweg (610 m, der Felszacken ist von hinten ersteigbar) und zum Sattel am **„Herrnplatzl“** mit dem Ende der Forststraße. Hier rechts auf steilem Karrenweg, nun auch blau markiert, hinunter und durch den Seegraben hinaus nach Rossatz. Oder im nordwestlichen Seitengraben (links) zu einer Lichtung und blau-rot markiert rechts weiter im Bogen bergan zum **„Rührsdorfer See“** mit Anschluss an Tour 125 über Seekopf und Muglerweg (eine lange, aber sehr interessante Tour von 5 bis 6 Std.).

Tour 128

Weiterweg über die Ferdinandswarte (2¾ Std.):

Vom Roten Kreuz links (blau markiert und „Jakobsweg“) auf Forstwegen durch die Hochflächenwälder bis zur Straßenquerung. Dann meist innerhalb der Waldränder weiter (hier abseits von „Jakobsweg“ und „Welterbesteig“ nahe dem Gochelberg). Dann rechts durch die freie Mulde bis zur Wegkreuzung bei einem Feuchtbiotop (Naturdenkmal). Hier links abzweigend zur **Ferdinandswarte** (370 m, ca. 2 Std.; Infotafel „Naturwald“). Für den Abstieg nach Hundsheim zurück bis zum Naturdenkmal, links auf Fahrweg bis zur Kreuzung (Infotafel), dort links abzweigen („Jakobsweg“). Nach längerer Strecke im Wald und am Weingartenrand rechts zur Einmündung eines Hohlweges. In dessen felsigem Boden sind die Rillenspuren des **„Römerweges“** deutlich eingeprägt! Kurz danach wird die Straße in **Mauternbach** erreicht, an einer Kapelle vorbei zu einem kleinen Platz (Parkmöglichkeit für die kurze Rundwanderung zur Ferdinandswarte, mehrere Heurigenlokale). Gleich danach links abzweigend zum Endpunkt der Tour in **Hundsheim** (ca. ¾ Std.; Busverkehr nach Rossatz).

Rückweg nach Rossatz (für Zugangsvariante von Rossatzbach): Von der Ferdinandswarte auf dem blau markierten Steig durch die steilen Waldhänge der Donauleiten hinunter zur Bundesstraße (20 bis 30 Min.). Neben dieser auf dem Radweg links 2,5 km bis Rossatzbach – hier günstiger Ausgangspunkt für Fußgänger bei Tour 127, da links eine Forststraße in den Seegraben zur Pemexel-Route abzweigt („Welterbesteig“)! Auf dem Radweg von der Donauleiten bis Rossatz insgesamt 4,5 km.

Am „Jakobsweg“

Tour 129

Rundwanderung zur Ferdinandswarte (sehr lohnend in 1 ¼ Std.): Ausgangspunkt in **Mauternbach** (Zufahrt von Mautern Richtung Schenkenbrunn, Parkplatz wie vorher beschrieben). Von der Richtung Mautern führenden Straße gleich links abzweigen und nach Hundsheim. Dann links auf dem Radweg bis zur **Donauleiten** mit Abzweigung des blau markierten Steiges zur **Ferdinandswarte**. Durch die steilen Waldhänge hinauf zur Aussichtskanzel, dann aus dem Wald rechts haltend hinaus zum Naturdenkmal am Hauptweg. Wie dort beschrieben auf historischen Pfaden („Jakobsweg“ und „Römerweg“) zurück zum Ausgangspunkt.

Gerolding: „tut gut-Wege" mit Mostviertelblick

Nahe Melk, am Rand des Dunkelsteiner Waldes und im „mostviertlerischen" Hinterland der Wachau.

Route: Gerolding / Nölling–Hohes Kreuz–Kalkofen–Raintal–Hohenwarther Höhe–Halterberg–(Gerolding)–„Hochstraße"–(Mauer bei Melk)–„Römerbrücke"–Umbach–Nölling; 22 km, Seehöhe zwischen 360 und 475 m.

Gehzeit: insgesamt 5½ Std. (kurze Runde 2½ Std.).

Einkehr: Gasthöfe in Gerolding / Nölling.

Info: Marktgemeinde Dunkelsteinerwald, 3392 Gerolding, Tel. 02752/8246.

Familienwege: Kleiner Geroldinger Rundwanderweg mit Markierung „Vogel" auf den Halterberg / tut gut-Route 1 (1 Std.); von der Straße Richtung Aggsbach-Dorf zum Kalkofen (½ Std.); von Umbach zur „Römerbrücke" (½ Std.).

Tour 130

Hohes Kreuz und Hohenwarther Höhe
(tut gut-Route 3 und 2, mit abkürzendem Rückweg 2½ Std.):

Von der hochragenden Pfarrkirche in Gerolding (beschränkte Parkmöglichkeit) auf der Nöllinger Straße zur „**Hirschenwirtin**"

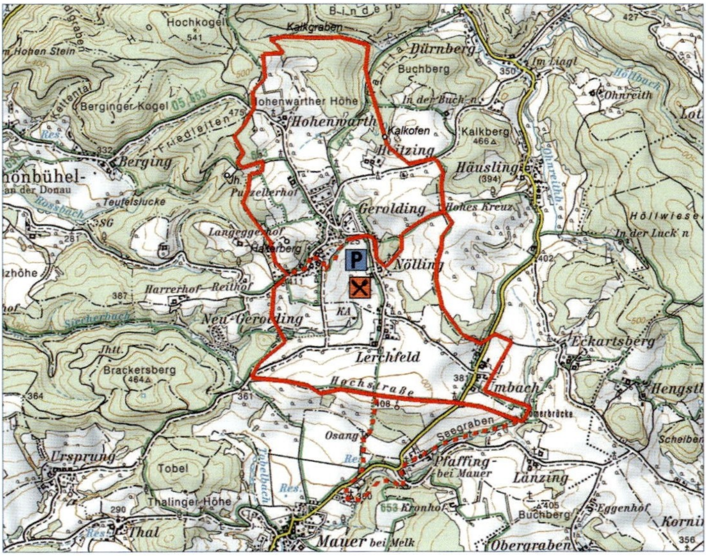

(großer Parkplatz, Montag und Dienstag Ruhetag). Kurz danach (blau markiert und tut gut-Route 3 „Hase“) links abzweigend an einem alten Bildstock vorbei den Hangweg leicht bergan zum Aussichtsplatz **Hohes Kreuz**. Durch ein Wäldchen zur Aggsbacher Straße, diese kurz links entlang und rechts abzweigend zum rekonstruierten **Kalkofen** (Infotafeln).

Im folgenden Raintal entlang der grünen Markierung (tut gut-Route 2 „Reh“) auf der Waldstraße weiter, dann links abbiegend in den urigen **Kalkgraben** (Vorkommen von zur Kalkgewinnung verwendetem Marmor, weiterer Bodenschatz im Gebiet ist Graphit, u. a. bei Nölling und Wolfstein). Im Bogen geht es dann über den „Prügelweg“ hinaus ins freie Gelände der **Hohenwarther Höhe** (Alpenblick). Nach Straßenquerung zusätzlich rot-653 markiert auf Waldwegen zu historischem Forsthaus und durch die schattige „Brunngrossn“ zur Talmulde nahe dem Purzellerhof. Am Gegenhang rechts haltend hinauf und wieder im Wald zur roten Markierung am **Halterberg** (tut gut-Route 1, Seitenweg zum hervorragenden Aussichtsplatz), dann weiter zum Ortsrand von **Gerolding**.

Gerolding mit Ötscherblick

Abkürzender Rückweg: Auf der Ortsstraße Richtung Pfarrkirche, davon Richtung Nölling bald rechts abzweigend auf dem Gartenweg zum „Hintaus“ der Ortschaft und zum Badweg, unterhalb der Kirchenfelsen vorbei und rechts zur „Hirschenwirtin“.

Tour 131

„Hochstraße“ und „Römerbrücke“ (sonnige Runde von Gerolding in 2½ Std.):
Nach Tour 130 oder von der Pfarrkirche kommend auf der Geroldinger Straße kurz Richtung Schönbühel (orange Markierung der tut gut-Route 4 „Fuchs“). Dann links vor Neu-Gerolding zum Stockerbach abzweigen, der auf der „Karlsbrücke“ (alte Straßenzufahrt) überquert wird. Danach rechts weiter und nach Straßenquerung links auf den freien Höhenrücken mit der römerzeitlichen „Hochstraße“ (Aussichts- und Rastplatz mit fantastischem Schneeberg- und Ötscherblick). Nahe von Umbach Querung der Loosdorfer Straße (links Bildstock, kurz rechts halten) und weiter in den Seegraben mit der als **„Römerbrücke“** bezeichneten alten Steinbrücke. Weiterweg links schwenkend zur Häusergruppe von Umbach, im Rechtsbogen herum und beim Gasthaus leicht ansteigend im freien Gelände zum **Hohen Kreuz** und links nach Nölling.

Im Kalkgraben

Variante zur Wallfahrtskirche Mauer bei Melk (zusätzlich ½ Std.): Erweiterung von Tour 130 und 131 zu einer sehr ausgedehnten Rundwanderung mit kunsthistorischem Höhepunkt! Vom Aussichtsplatz an der „Hochstraße“ über Osang hinab zur nahe von Mauer ragenden Kirche „Maria am grünen Anger“ mit berühmtem gotischen Schnitzaltar. Dann über Pfaffing durch den Seegraben zur „Römerbrücke“ und Anschluss an Tour 131.

Furth: Göttweig und Waxenberg

Zwei Berge am Wachaueingang gegenüber von Krems – Göttweig und der ideale Blickpunkt auf das Stift, jeweils mit Kulturdenkmal bzw. seltenem Naturerlebnis.

Route: Kleinwien–Stift Göttweig–Kleinwien–Waxenberg–Heugraben–Naturdenkmal „Mammutbäume"–Kleinwien; 12 km, Seehöhe zwischen 240 m und 499 m.

Gehzeit: insgesamt 4 Std.

Einkehr: Restaurants in Kleinwien und im Stift Göttweig.

Info: Gemeindeamt 3511 Furth bei Göttweig, Tel. 02732/84622.

Familienwege: Rundweg von Kleinwien zum Stift Göttweig (1¼ Std.), von Paudorf (Bahnübersetzung) zu den Mammutbäumen (1 Std.).

Tour 132

Über den Göttweiger Berg (1 bis 1½ Std.):

Zufahrt über Furth oder Paudorf nach **Kleinwien** mit Haltestelle der Bahnlinie St. Pölten – Krems, Parkplatz und dem Landgasthof/Restaurant Schickh. Daneben auf dem alten „Bahnweg" in Kehren durch den steilen Bergwald zur Wegkreuzung unterhalb der Berghöhe und rechts zum **Stift Göttweig** (425 m, 1083 gegründet, Barockbau durch Johann Lucas von Hildebrandt). Den Markierungen und dem „Welterbesteig" nach zurück zur

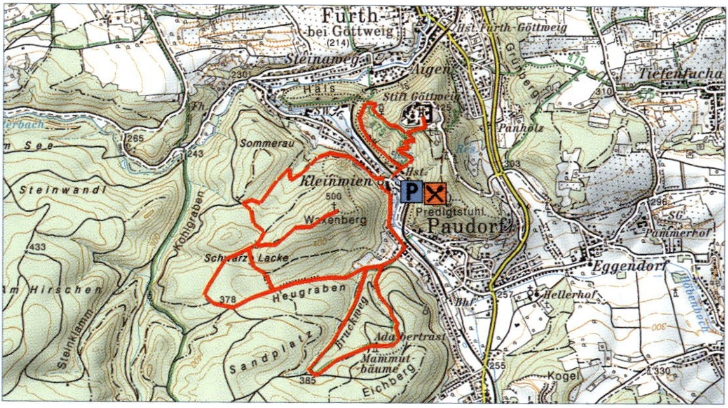

Stift Göttweig vom Waxenberg

Wegkreuzung und Richtung Steinaweg/Aigen geradeaus durch den steinigen Trockenwald absteigen. Bei Querweg (oberhalb des Bahntunnels) am Hals-Sattel links weiter auf einem Waldweg oberhalb der Eisenbahn zurück nach Kleinwien.

Tour 133

Auf den Waxenberg und zu den Mammutbäumen (2½ bis 3 Std.): Vom Parkplatz bei der Bahnhaltestelle **Kleinwien** hinauf zur bemerkenswerten gotischen Kirche und rechts auf der Forststraße (Rundweg F 2, spärlich markiert) in den nächsten Graben. Dort links zur Kreuzung am Sattel und wieder links zur nächsten Sattelhöhe an der **„Schwarzen Lacke"**. Hier führt der markierte Weg über den Waldkamm hinauf zum **Waxenberg** (499 m, ca. 1 Std., idealer Stiftsblick, Spuren eines Ringwalles). Zurück zur Forststraße und in weitem Bogen (Abkürzung durch die Waldmulde) hinab in den **Heugraben**. Dort gelangt man rechts abzweigend über den Bruckweg und die Adalbertsrast zum Eichberg mit dem berühmten **Naturdenkmal Mammutbäume** (größter Bestand Mitteleuropas, 1880 durch Samen begründet!). Dieser als Waldlehrpfad angelegte Seitenweg mündet in den Ausgang des Heugrabens gegenüber von Paudorf. Beim „Urlaubsmarterl" vor den Bahnstrecke links auf Seitenstraße und Waldweg zurück nach **Kleinwien**.

Weitwanderweg: „Dotterblumen-Marathon“

Mehrtägige Weitwanderung als Rundtour von Zwettl aus, kein offizieller und markierter Weitwanderweg, sondern Flusswanderung entlang von Zwettlbach und Großem Kamp nach der Spezialkarte (Erstbegehung: Bernhard Baumgartner).

Route: Zwettl–Schloss Rosenau–Jagenbach–Rosenauerwald–Gross Gerungs–Langschlag–Bruderndorferwald–Schanz / Kampbrücke–Kamp–Höllfall–Neustift–Ritterkamp–Roiten–Zwettl; gesamte Streckenlänge ca. 48 km, Seehöhe 518 bis 900 m.

Gehzeit: insgesamt mindestens 24 Std. (verteilt auf drei Tage).

Nächtigung: Langschlag („Waldviertlerhof“, Tel. 02814/8286) und Pretrobruck (Gasthof Seidl, Tel. 02813/410).

Spezialkarte: Freytag & Berndt WK 111 (Zwettl).

Die beiden folgenden Rundwanderungen berühren die schönsten Teilstrecken (Orientierung nach der Spezialkarte). Sehr lohnend ist auch ein Besuch einzelner Naturdenkmäler – Oberes Kamptal zwischen Zwettl und Roiten (Tour 1 bis 3), Höllfall und „Granitklamm bei der Heumühle“ am Großen Kamp (Tour 4), Lohnbachfall und Große Schütt im Bereich des Kleinen Kamp (Tour 5).

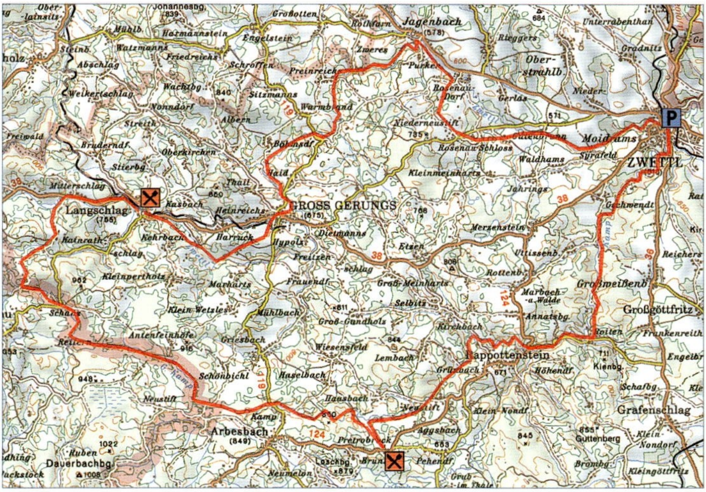

Tour 134

Zwettltal im Rosenauerwald (ca. 2 Std.):

Durchbruchstal des Zwettlbachs zwischen Groß Gerungs und Jagenbach als landschaftlicher Höhepunkt dieses Tals; Zufahrt von Gross-Gerungs oder Rosenau / Dorf bis Wendelgraben.

Vom hier abzweigenden Güterweg bei der ersten Wegteilung rechts zum folgenden Abstieg ins Zwettltal bei der Klingenmühle. Flussaufwärts unmarkierter Fahrweg bis zur Preindlmühle, dann auf dem rot markierten Weitwanderweg im Talgrund überaus reizvoll weiter bis zur Holzmühle und links hinauf zur Straße nahe dem Ausgangspunkt.

Zwettltal im Rosenauerwald

Tour 135

Großer Kamp im Kienauwald (Rundwanderung ca. 3 Std.):

Als **Streckenwanderung** großteils weglos am „jungen Kamp" zwischen Schanz / Gasthof Kampbrücke und Komau / Lehrmühle, Streckenlänge 10 km, Gehzeit ca. 4 Std. Nur mit organisierter Rückfahrmöglichkeit zu bewältigen! Bis zur Neumühle weglos am nördlichen Ufer, dann wie bei der folgenden Rundwanderung beschrieben bis zum Seitengraben nahe den Antenfeinhöfen. Das anschließende Engtal zwischen Altwald und Gemeindereut wird auf Forstwegen am nördlichen Ufer überraschend problemlos durchwandert.

Als **Rundwanderung** ist der mittlere Abschnitt dieser schwierigen Tour als teils weglose Orientierungswanderung durch großartige „Urnatur" zwischen Neumühle und Antenfeinhöfen möglich. Zufahrt von Langschlag über Kainrathschlag und Bucheck bis Kuchlreith.

Routenbeschreibung: Auf asphaltiertem Güterweg zur Neumühle und den Großen Kamp entlang bachabwärts über Wiesen bis unterhalb vom nächsten Gehöft (Grudl), dort Brücke zum Südufer und im folgenden dichten Fichtenforst möglichst knapp am Kamp entlang (verwachsen, schmale Durchgänge im Gehölz, mühsam). Von der folgenden Brücke an, nun landschaftlich sehr schön, auf Karrenweg bequem weiter, leichter Anstieg und vom nächsten flachen Sattel gleich wieder links hinab in den Talgrund. Zuerst am Bergrand weiter, dann auf gut gangbarem Schneisenweg durch den Jungforst ins freie Gelände (rechts oben ein ehemaliges Gehöft). In Bachnähe führen Wegspuren über diese malerischen Talwiesen, zuletzt kurz im Wald zur nächsten Brücke. Diese überquerend auf dem Fahrweg zu aussichtsreichen Wiesenflächen mit den Häusern Antenfeinhöfe Nr. 25 und 23, wo den Kamp entlang noch keine Aufforstungen vorgenommen wurden. Wo der Güterweg sich links hinan wendet, kann man noch auf dem Talboden entlang der Mäander des Kamp und am anschließenden Waldrand sehr lohnend weitergehen bis zu dem vom Altenberg her einmündenden Seitengraben. Vor diesem links aufwärts über einen Forstweg und Lichtungen zum Fahrweg bei den Antenfeinhöfen. Über „In der Goass" kommt man stets auf Güterwegen zurück zum Ausgangspunkt (ca. 3 Std.).

Bei Tour 135

Bernhard Baumgartner

ist Wanderer aus Leidenschaft, Heimatforscher und Fotograf zahlreicher Bücher und Mitarbeiter der Zeitschrift „Land der Berge“ . Seine „Naturerlebnis-Wanderwege“ sind auch im Internet präsent: www.wandertipp.at/bernhardbaumgartner.

Er lebt mit seiner Ehefrau und Wandergefährtin Anni in St. Veit an der Gölsen. Wenn sie nicht gerade mit Kamera, Rucksack oder Ski unterwegs sind, widmen sie sich ihren Lieblingsbeschäftigungen. Dazu gehören auch der gemeinsame Garten und das Herumtreiben in der freien Natur mit den Enkelkindern.

Weiters vom Autor im Kral Verlag erschienen:

176 Seiten, 978-3-99024-003-8

Wandererlebnis
Mariazeller Land und Ötscher

„Stoasteirische Gipfel“ sind Geheimtipps für Naturbegeisterte. Bernhard Baumgartner präsentiert seine Favoriten von Mariazell bis Schneealpe, Veitsch und Hochschwab mit Routen von gemütlich bis alpin.

224 Seiten, 978-3-99024-005-2

Naturerlebnis Niederösterreich
Landschaft, Botanik, Geologie

Niederösterreich auf Blumen-, Stein- und Wasserwegen von den Schutzgebieten der March bis zu den Gipfeln von Rax und Hochwechsel erkunden.